Werner Ablass

Außergewöhnlich gewöhnlich

Außergewöhnlich

gewöhnlich

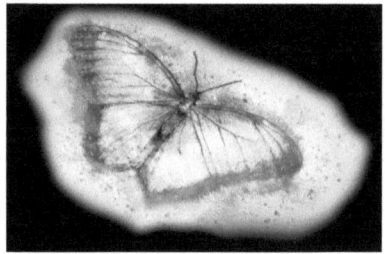

Über den Glücksfall persönlichen Scheiterns
und ein absolut gewöhnliches Leben im Kristallpalast des
Nichtseins

1. Auflage August 2018

Copyright© 2018 by Werner Ablass Session & Event

Lektorat: NoOne

Umschlaggestaltung: Creativ Season, Inh. Eva-Maria Kettner
www.creativ-season.de

Korrekturen, Formatierung, Endfertigung: Albert Eisenring, Suisse

ISBN: 9 783752 867282

Herstellung und Verlag: BoD- Books on Demand, Norderstedt

info@wernerablass.de

www.wernerablass.de

Ich widme dieses Werk

meiner wundervollen Frau Iris,
deren Name in der griechischen Mythologie „Götterbotin" bedeutet,
was sie im wahrsten Sinne des Wortes jeden Tag,
seit ich sie kennenlernte, in meiner Wahrnehmung ist,

Edgar Michael Hofer,
einem der wenigen noumenal erleuchteten Meister der Gegenwart,
mit dem so vieles synchron läuft,
dass wir uns als „Zwillingsseelen" empfinden,

Gaia Michael Zipf,
der ebenso einfühlsam wie radikal
auf die absolute Wahrheit verweist,
während er unentwegt unterwegs ist,

Branka Ito,
weibliche Urkraft im natürlichen Zustand,
die ich während einem meiner Events kennerlernte,
die insbesondere auf Facebook aktiv ist,
und ohne Rücksicht auf Konventionen und Image Unwahrheiten exponiert,

Heike Monti,
meine wohl längste und treueste Freundin,
die schon ganz zu Beginn meines Wirkens desillusioniert wurde,
und seitdem ein außergewöhnlich gewöhnliches Leben führt,

Markus Megyeri,
den die absolute Wahrheit auf äußerst ungewöhnliche Weise traf
oder sollte ich besser sagen: „erschlug",
und der meinen Lebensweg seitdem begleitet und unterstützt,

Reimund Kästner (Rei Mo),
einem früheren „Schüler",
den die noumenale Erleuchtung erfasste
und der seitdem unermüdlich,
insbesondere auf Facebook und in mehreren Büchern,
leidenschaftlich und auf seine besondere Art
auf die absolute Wahrheit verweist,

und „last but not least",

Wolfram Umlauf (Devasetu)
der seit vielen Jahren beharrlich auf seiner von ihm gegründeten Internetplattform
„Jetzt-TV" weisen Menschen eine Bühne bietet, damit, wie er sagt, „ihre oft leisen Töne
in der heutigen Informationsflut nicht überhört werden".

Inhalt

Vorwort   13

Einleitende Worte   15

Desillusion   19

Zen verweist auf die Sonne hinter den Wolken   21

Alles im Lot   25

Das Böse dient ausschließlich dem Guten   31

Das Gleichgewicht der Kräfte   35

Existieren statt leben   41

Ein Tier der Gattung Mensch   47

Andauernd nichts ist ja auch nichts   51

Vollendetes Scheitern ist deine Erlösung   55

Gottt im Fleisch - die größtmögliche Erniedrigung Gotttes   59

Revision   65

Unmittelbare Wahrnehmung   67

Der springende Punkt   71

Der ursprüngliche Mensch   77

Ruhe in Frieden   81

Das sogenannte dritte Auge   85

Kein aktives Sehen   89

Kapitulation   95

Der Glücksfall persönlichen Scheiterns   97

Du fehlst   101

Vollkommene Gleichgültigkeit   105

Transformation ist ein Fake   109

Das Ende der Phänomenon-Vergackeierung   113

Reflexion   **119**

Geniale Verdummung   121

Das Delirium der Gefühlswelt   125

Das Erkennen mich nicht erkennen zu können   131

Exekution   **137**

Die letzte Sackgasse   139

Die Erfolgsspur des Scheiterns   143

Solution   **149**

Am „Ort der Ruhe" ist Finsternis wie das Licht   151

Was ich bin ist unkaputtbar   157

Du bist ein Roboter und funktionierst programmgemäß   163

Keinerlei Ambition   169

In der Leere zuhause   175

Im Kristallpalast des Nichtseins   181

Die Wahrheit versteht sich nur selbst   185

Die Unverwüstlichkeit meines Nichtseins und Seins   191

Am Tiefpunkt der Hoffnungslosigkeit ist die einzige Lösung   197

Vollendung   205

Vorwort

Dieses Werk ist das dritte einer Tetralogie[1]. Das erste mit dem Titel „Das Schicksal ist alles" basiert auf der Lehre meines Meisters Ramesh Balsekar, das zweite „Immer zuhause" auf den Schriften von Terence Grey (Pseudonym Wei Wu Wei), das dritte, also dieses, auf der „Hohen Lehre" Hubert Benoits. Keins dieser Werke erhebt den Anspruch die Autoren bzw. deren Werke zu interpretieren und möchte ihr Studium auch nicht ersetzen. Ich verwende lediglich deren außergewöhnlich klare Verweise auf die absolute Wahrheit als Eingangszitate zu den Kapiteln in jedem dieser drei Werke.

Ramesh Balsekars Verweise basieren vor allem auf der Advaita-Lehre; Wei Wu Wei bezieht sich zwar nicht ausschließlich, aber hauptsächlich auf die taoistische Philosophie; Hubert Benoit bevorzugt auf den Zen- aber auch den Chan-Buddhismus. Essentiell sind alle drei Werke identisch. Nur die Ausdrucksformen unterscheiden sich mehr oder weniger deutlich.

Die Anhänger von Osho (Bhagwan Shree Rajneesh) wurden in Benoits Lehre eingeführt. In *Büchern, die ich geliebt habe*, schrieb Osho über „Die Hohe Lehre"[2]: *„Es sollte auf dem Bücherregal jedes Meditierenden stehen. Keiner hat so wissenschaftlich und doch so poetisch geschrieben ... Das beste Buch des Jahrhunderts, soweit es den Westen betrifft..."*

---

[1] Folge von vier selbstständigen, aber thematisch zusammen gehörenden Werken

[2] All meine Eingangszitate sind diesem Werk entnommen.

13

Das fand ich auch, als ich „Die Hohe Lehre" vor etwa einem Vierteljahrhundert zum ersten Mal las – ach, was schreib ich – verschlang! Sie half mir zum damaligen Zeitpunkt vor allem darin, mich aus dem Dualismus und dem monotheistischen Gottesbild des fundamentalistischen Christentums zu befreien, in das ich zuvor etwa 20 Jahre involviert war. Und es markierte den Beginn eines Prozesses, der schließlich in dem gipfelte, was ich als Desillusionierung oder neuerdings auch als „noumenale Erleuchtung" bezeichne. Im Gegensatz zur „phänomenalen Erleuchtung", die im Grunde genommen alles andere als das ist, was man als Erleuchtung bzw. Desillusionierung bezeichnen könnte, obgleich geschätzte 90 Prozent aller spirituellen Lehrer auf diese verweisen.

Gott wird in diesem Buch mit 3 t (also Gottt) geschrieben, um die Assoziation des Wortes mit einem persönlichen Gott, der nur im menschlichen Mind existiert, zu vermeiden.

Da die Kapitel aufeinander aufbauen, empfehle ich das Buch dementsprechend zu lesen.

Einleitende Worte

Jener großartige Begriff „Leben", neben dem das „Existieren" so nichtig erscheint, hat nur die Aufgabe, diesem „Existieren" zu dienen. Das Handeln geht aus der Existenz hervor und dient ihr; die Existenz ist also das Handlungsprinzip und somit dem Leben unendlich überlegen.

Die Hohe Lehre, S 37

Den meisten Menschen, die ich kenne, erscheint reines Existieren ganz und gar nicht attraktiv! Sie möchten ihre Existenz frei nach ihrem Gusto „gestalten". Sie wollen das, was man ein „erfülltes Leben" nennt. Manche sind sogar darauf aus, ewig zu leben. Nicht nur geistig, wie die Vertreter der Reinkarnation, nein - körperlich!

Kryoniker lassen sich nach dem Tod bei Temperaturen von minus 196° Celsius konservieren – in der Hoffnung, in der Zukunft wiederbelebt zu werden. Dem Tod wäre damit ein Schnippchen geschlagen. Denn aufgetaut würde man erst wieder in einer Zeit, in der die Wissenschaft so weit fortgeschritten ist, dass sie die Alterungsgene manipulieren kann. In einigen hundert Jahren werden die Leute mit dem Kopf schütteln, dass wir uns heute mit 80, 90 Jahren zufriedengeben, meinen sie.

Jedoch selbst der Mensch, dessen Träume weniger kühn sind, möchte nicht nur wie jedes andere Animal existieren. Ich verstehe das längst nicht mehr, obgleich ich früher die gleiche Abneigung hegte.

Unsere Hundedame Sissi lebt ein sorgenfreies Leben. Für Ernährung und Wohnraum muss sie nicht malochen. Wann immer sie Lust auf

Ruhe hat, liegt sie auf dem Teppich oder der Couch. Entweder eingerollt wie eine Schnecke oder ausgestreckt wie ein Human Animal. Mindestens zweimal am Tag wird sie spazieren geführt. Da sie durch das Riechen viel mehr Informationen über ihre Umwelt erhält als durch die Augen, schnuppert sie an allem: der Erde, dem Grashalm, der Blume, dem Strauch, dem Baumstamm, der Luft. Und sie wühlt nach Mäusen. Das macht sie besonders gern. Obgleich sie keine erwischt. Dazu sind die viel zu schnell. Und sie lässt sich gern streicheln. Dazu legt sie sich auf den Rücken, streckt die Beine von sich und genießt es mit wohligen Lauten. Was ihr ebenfalls große Freude bereitet, ist die Ankunft „ihrer Leute"! Und ich genieße ihren Freudenausbruch jedes Mal aufs Neue.

Daher löst die Aussage: „Was für ein Hundeleben!" in meiner Wahrnehmung längst keine negative Assoziation mehr aus! Mein Eindruck ist: Dem Hund fehlt überhaupt nichts! Und zwar deshalb, WEIL sich seine Bedürfnisse auf die pure Existenz beschränken. Mit anderen Worten: Es genügt ihm vollständig, zu existieren. Mehr als das sucht er nicht, braucht er auch nicht, kommt ihm gar nicht in den Sinn.

Leb' kein halbarschiges Leben, so wie einer, der ständig an seinen eigenen Fürzen riecht, sagte der Zen-Meister Kodo Sawaki. Was genau meinte er denn mit einem *halbarschigen* Leben, magst du dich fragen. Meine Interpretation ist:

Du sitzt nicht mit beiden Arschbacken da, wo du gerade „existentiell" sitzt! Du schwebst mit einer Arschbacke stets in dem, was man als „Leben" bezeichnet. Da finden sich aber nur Vorstellungen, Absichten, Visionen, Phantasien: Wie dein Leben aussehen könnte, sollte, müsste;

um „wirklich" glücklich zu sein! Und wer damit befasst ist, tut nichts anderes, als an seinen eigenen stinkenden Fürzen zu riechen.

Die Vorstellung vom „Leben" macht mensch zum Dreh- und Angelpunkt des Universums! Solche Leute sind schnell beleidigt. Sie sind leicht zu verletzen. Ein falsches Wort, und du bist untendurch. Einmal nicht oder zu spät auf eine E-Mail geantwortet und schon fühlen sie sich zurückgewiesen. Denn sie brauchen Anerkennung. Und wehe sie kriegen sie nicht. Dann ist Feuer auf dem Dach. Oder sie schmollen. Je nach Charakterstruktur.

Und sie sind stets unter Dampf! Irgendwas muss ständig laufen. Sonst kriegen sie Entzugserscheinungen. Wenn sie niemanden persönlich treffen, telefonieren sie. Sie müssen quatschen. Ohne Quatschen fühlen sie sich einsam und verlassen.

Und sie machen Pläne. Wenn finanziell keine großen drin sind, dann macht man zumindest kleine. Mit der Urlaubsplanung sind sie wochenlang beschäftigt. Und sie fragen sich: Was machen wir am nächsten Wochenende? Das kann man doch nicht so einfach auf sich zukommen lassen! Da muss doch was laufen! Das muss man doch planen.

Und jedermann will was von ihnen. Sie sind nahezu ständig umgeben von Menschen, die irgendwas von ihnen wollen. Ich habe Tausende von Lesern und Interessenten, sowie Hunderte, die man als Schüler bezeichnen könnte. Aber relativ wenige wollen was von mir. Und weißt du warum? Die Antwort ist einfach: Ich zieh das einfach nicht an! Ich bin absolut zufrieden mit mir und meiner kleinen Familie. Denn ich „existiere" nur, ich „lebe" nicht (mehr).

Und in vielen Fällen haben jene, die „leben" und nicht einfach nur „existieren" irgendeine Art von Ärger. Auch das zieht der „Lebende" an. Denn nur so vermag er sich „spüren". Also gibt ihm der höchst ökonomische Kosmos genau das, was er braucht. Nur existierend brauchst du das nicht und kriegst es daher zumeist nur in homöopathischer Dosis.

Diese Emanation hat keinen besonderen Zweck und ihr persönliches Schicksal nicht die geringste Bedeutung.

Die Hohe Lehre, S 36

Oh je, oh je! Sag das einem, der „lebt"! Er wird mit dem Kopf wackeln wie eine diese Kopf-Wackel-Figuren, die es auf dem Jahrmarkt zu kaufen gibt. Dafür kann er freilich nix. So ist er programmiert.

Ich bezeichne solche Programme desorientiert bzw. konfus. Und so verläuft dann auch deren Leben. Ich werde nie vergessen, wie mir einmal die Frau einer meiner Mitarbeiter, den ich mit 63 Jahren in den vorzeitigen Ruhestand schickte, auf dem Abschiedsfest während eines Tanzes ins Ohr flüsterte: „Und das soll es jetzt schon gewesen sein?!" Womit sie freilich ihr Leben vor der Rente meinte.

Ja, denn so unwichtig und bedeutungslos ist unsere Existenz! Und wenn wir das nicht einsehen wollen und sie künstlich überhöhen, sie also zu etwas machen, was sie nicht ist und niemals sein kann, bleibt Zufriedenheit immer nur eine unerfüllte Vision.

Desillusion

„Bevor der Mensch das Zen studiert, sind für ihn die Berge Berge und die Wasser Wasser. Hat er aber dank der Unterweisung eines guten Lehrers eine bestimmte innere Schau von der Wahrheit (des Zen) verwirklicht, dann sind ihm die Berge nicht mehr Berge und die Wasser nicht mehr Wasser. Gelangt er später wirklich zum Heim der Ruhe, so sind die Berge wieder Berge und die Wasser wieder Wasser."

Berühmte ZEN-Parabel, Autor unbekannt

Zen verweist auf die Sonne hinter den Wolken

Im Zen wird dem Menschen gesagt, dass er schon frei ist, dass es keine Kette gibt, aus der er sich zu befreien habe. Der Mensch besitzt nur die Illusion von Ketten.

Die Hohe Lehre, S 31

Obgleich sie eisern erscheinen: Die Bedürfnis-Ketten. Obgleich sie sich nicht wie Schminke abwischen lassen: Die Masken. Obgleich es nicht ausgezogen werden kann: Das Hautgewand.

Das Lebensmärchen spielt sich. Ob du es bevorzugst oder ablehnst interessiert niemand. Deine Rolle spielt sich und wenn du dich in ihr nicht wohl fühlst, wenn du gern eine andere haben möchtest und dich beim Regisseur beklagst, zuckt der mit den Schultern und sagt: Zurück an die Arbeit!

Wenn dem aber so ist – und dem zu widersprechen dürfte dir schwerfallen – wieso sagt uns dann das Zen, dass der Mensch schon frei ist und dass es keine Kette gibt, aus der er sich zu befreien habe? Die Antwort ist simpel: Zen verweist auf die Sonne hinter den Wolken!

Wolken wegschieben, Wolken wegbeten, Wolken vertreiben zu wollen ist eine völlig sinnfreie Absicht, die sich nicht verwirklichen kann. Genau das versuchen aber die Religionen! Genau das versuchen ebenso auch die spirituellen Pfade! Weil man die Sonne hinter den Wolken nicht sieht, wird der Versuch unternommen, die Wolken zu killen. Mit anderen Worten: Das Ego zu killen! Das gewöhnliche Leben zu killen.

Über den Wolken muss die Freiheit wohl grenzenlos sein, singt Reinhard Mey. Also muss ich da rauf, sagt sich der nach Freiheit Suchende. Und schon beginnt er mit dem Aufstieg. Und es gibt sie ja, die Bergführer, die dir versprechen, dich auf den Gipfel zu führen! Oder Flugzeuge, in die er einsteigen kann, um ihn bequem dahin zu befördern. All die spirituellen Pfade eben, die uns *da rauf* führen sollen. Um über den Wolken das Antlitz Gottes, das Selbst oder – um im Bild zu bleiben – die Sonne zu sehen!

Man kann natürlich auch darauf warten, dass sich die Wolken verziehen. Dann braucht man außer zu warten, gar nichts zu tun! Wird ja auch gelehrt: Wenn dich nicht die Gnade erreicht, wird das eh nix mit der Befreiung! Wozu sich also anstrengen? Es bringt nix. Außer Stress!

Was tun sprach Zeus, die Götter sind besoffen! Offensichtlich! Wir sind alle besoffen vom Fusel der spirituellen Lehren! Die uns von hier nach da bringen sollen! Rauf, ganz rauf, weit über die Wolken! Wo die Sonne erstrahlt und uns wärmt, uns mit Licht durchflutet.

Je länger ich in diesem „Job" bin, desto mehr wird mir klar: Es ist nicht zu vermeiden! Dass mensch sich streckt, dass mensch sich bemüht, dass mensch alle möglichen religiösen und spirituellen Pfade betritt, um irgendwo anzukommen, wo er sich scheinbar noch nicht befindet. Ich musste dies ja selber leidvoll erfahren.

Gestern Abend ließ ich mich seit langem wieder einmal auf eine Diskussion über den freien Willen ein. Und bin natürlich gescheitert. So enden fast alle Gespräche über den freien Willen. Denn wer an ihn glaubt, SOLL an ihn glauben und selbst die besten Argumente verbrennen wie Stroh in der Feuersbrunst. Der Mensch muss die Pfade gehen, um am Ende scheitern zu KÖNNEN. Die Belehrungen nützen rein gar nichts.

Im Zen wird dem Menschen gesagt, dass er schon frei ist, dass es keine Kette gibt, aus der er sich zu befreien habe. Der Mensch besitzt nur die Illusion von Ketten.

So ist es! Doch es ihm zu sagen nützt ebenso wenig wie einem Dieb zu sagen, er solle nicht stehlen! Es nützt ebenso wenig wie einem Alkoholiker zu sagen, er solle sich in Abstinenz üben! „Also wäre es doch besser gewesen, gestern Abend zu schweigen!" Das könnte man sagen und doch ist's passiert.

Das Lebensmärchen spielt sich und du vermagst deine Rolle in ihm nicht zu ändern. Nicht selbst jedenfalls. Und selbst den Versuch, es zu ändern, vermagst du nicht zu verändern. Einfach nur nichts tun ist ebenso unmöglich, wie niemals etwas zu tun.

„Wieso lese ich dann überhaupt dieses Buch?" Die Frage mag sich dir stellen und sie ist durchaus berechtigt. Doch was kannst du dagegen tun, wenn's dir bestimmt ist, es zu lesen? Wenn der Hunger nach Wahrheit da ist? Du bist ebenso chancenlos, es nicht zu lesen, wie ich chancenlos bin, es nicht zu schreiben! Und schau, genau hier, in diesem Erkennen, dass du chancenlos bist, liegt die Freiheit!

Die Freiheit von was? Die Freiheit von der Illusion, dich befreien zu müssen natürlich. Denn das zu glauben ist die größte Unfreiheit überhaupt! Wenn deine Rolle im Lebensmärchen determiniert ist, wenn du chancenlos bist eine andere zu spielen, was könnte dich dann mehr versklaven, als die Vorstellung es zu können?

Anders sein als ich bin? Anders (re)agieren zu können als ich (re)agiere? Etwas anderes erfahren zu können als das, was ich erfahre? Heute, über den Tag weg?

Dies zu glauben ist die Kette, und sie ist freilich illusionär! Denn es ist völlig unmöglich anders zu (re)agieren als du jeweils (re)agierst. Es ist völlig unmöglich heute (und gestern und morgen) über den Tag weg etwas anderes zu erleben als das, was du erlebst hast, gerade erlebst und noch erleben wirst. Gänzlich unmöglich!

Ich muss meditieren! Ich muss meine Chakren reinigen. Ich muss auf meine Gedanken und Worte achten! Ich muss achtsam sein! Ich darf nicht aus der Haut fahren! Ich muss geduldig sein! Ich muss mitfühlend und barmherzig sein!

Jedes Muss ist eine Kette! Und eine illusionäre dazu! Was du musst und nicht musst, entscheidest nämlich nicht du! Es ist schon entschieden! Bevor du dich entscheidest, etwas zu lassen oder etwas zu tun. Und gleichgültig, wie du dich jeweils entscheidest, ist es genau die Entscheidung, die dir vorherbestimmt ist. Weil du in Wahrheit niemals etwas entscheidest! Nicht einmal in der Nase zu bohren...

Nimmst du die Freiheit in dieser Klarheit wahr? Ist das nicht die Sonne über den Wolken? Ist das nicht die grenzenlose Freiheit, die Reinhard Mey besingt? Nun, mag sein, dass dir diese Freiheit nicht als Freiheit erscheint. Noch nicht zumindest. In jedem Fall aber ist es die einzige Freiheit, die du zu erleben vermagst.

Alles im Lot

Die modernsten wissenschaftlichen Theorien von heute nähern sich der Metaphysik und fassen für das konkrete Universum weder einen Anfang noch ein Ende ins Auge.

All dies muss man begreifen, um sich endgültig von jener kindlichen Auffassung zu lösen, nach der ein in anthropomorpher Art gesehener Schöpfer einst die Bewegung des Universums in Gang gesetzt hätte.

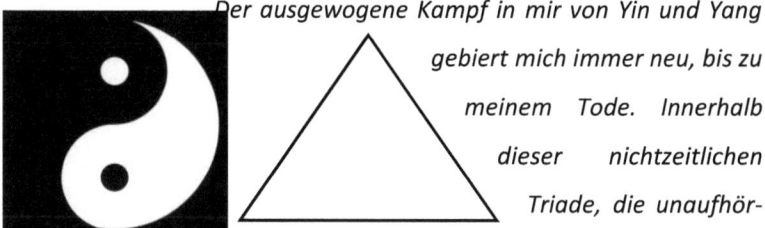

Der ausgewogene Kampf in mir von Yin und Yang gebiert mich immer neu, bis zu meinem Tode. Innerhalb dieser nichtzeitlichen Triade, die unaufhör-lich unsere zeitliche Welt gebiert, erkennt man die völlige Gleichheit der zwei unteren Prinzipien.

Die Hohe Lehre, S 23

Dieses universale Prinzip sollte an unseren Schulen gelehrt werden! Statt des unsäglichen, als aufgeklärt geltenden Unsinns, welcher das lineare Denken fördert und intensiviert. Von A geht's nach B. Von der Geburt zum Tod. Vom Anfang der Schöpfung bis zu dessen Ende. Von der Ausdehnung des Universums zu dessen Zusammenziehung. Vom Big Bang zum Big Crunch.

Die großen und promovierten Köpfe, die die Wissenschaft feiern, sind zumeist aus Holz! Aus Eichenholz, als eines der härtesten Hölzer bekannt. Die dogmatischen Holz- bzw. Betonköpfe der Religionsführer sowieso! Der vielen Wissenschaftler aber nicht minder! Ein wirklich intelligenter Kopf kann weder der Schöpferidee noch der Urknallidee Glauben schenken. Kokolores. Dummes Zeug. Schwachsinn!

Ein intelligenter Mensch mag diesen vom Massenbewusstsein getragenen Ideen zwar temporär, jedoch niemals dauerhaft auf den Leim gehen. Wobei Intelligenz nicht zwingend vom IQ abhängig ist. Denn Intelligenz hat nichts mit den gewöhnlichen Denkprozessen zu tun, sondern mit dem, was man als Intuition bezeichnet.

„Der Verstand spielt auf dem Weg der Entdeckung nur eine untergeordnete Rolle. Es findet ein Sprung im Bewusstsein statt, nennen Sie es Intuition oder was Sie wollen; und die Lösung kommt zu ihnen und Sie wissen nicht wie und warum!"

Albert Einstein

Der eine oder andere Leser mag sich fragen: Was liegt schon daran, ob mensch an einen konkreten Anfang und ein konkretes Ende des Universums oder an beides nicht glaubt? Und ist es denn wirklich wichtig, ob er das Yin-Yang-Prinzip kennt?

Nicht nur wichtig, sondern sogar schicksalhaft! Denn ohne die Kenntnis und die Verinnerlichung dieses Prinzips wird und kann er weder sein individuelles Erleben noch das Weltgeschehen richtig einordnen bzw. verstehen. Und das kann immense Auswirkungen auf seinen Lebensweg haben.

Der Glaube an einen Schöpfer macht es unmöglich, nicht die Frage zu stellen: Wieso lässt er das Böse, Grausame zu? Und der Glaube an einen Anfang des Universums macht es unmöglich nicht die Frage zu stellen:

Was war davor? Und natürlich auch: Was kommt danach? Oder gar: Wann kommt der Weltuntergang? Diese Fragen müssen ungelöst bleiben. Es kann darauf keine Antwort geben. Und zwar weil die Fragen von falschen Voraussetzungen ausgehen!

Stellt sich denn die Frage: „Warum lässt Gott all das Grausame zu?" wenn's keinen Schöpfergott gibt? Und stellt sich denn die Frage: „Was war zuvor? Was kommt danach?", wenn's weder Anfang noch Ende des Universums gibt?

Hätte Charles Darwin sich nicht die Frage nach dem Anfang des Lebens gestellt, wäre er niemals auf die krude Idee gekommen, dass sich Leben von der Amöbe zum Menschen entwickelt hat.

Der Autor und Philosoph Malcolm Muggeridge sagte: *"Ich bin davon überzeugt, dass die Evolutionstheorie, besonders das Ausmaß in dem sie angewendet wird, als einer der größten Witze in die Geschichtsbücher der Zukunft eingeht. Die Nachwelt wird sich wundern, wie eine so schwache und dubiose Hypothese so unglaublich leichtfertig akzeptiert werden konnte."* Und Sir Fred Hoyle, Astronom und Mathematiker, sagte: *Die wissenschaftliche Welt ist zu dem Glauben verführt worden, die Evolution sei bewiesen. Nichts könnte weiter von der Wahrheit entfernt sein!*

Man sollte also nicht glauben, dass die gesamte wissenschaftliche Welt die Urknall- und die Evolutionstheorie unterstützt. Es gibt auch andere Stimmen, wenngleich sie von der sogenannten Fachwelt zumeist belächelt werden. Doch das hat die Majorität ja so ansich. Was die Minorität sagt, wird immer belächelt. Das war selbst im nationalsozialistischen Deutschland so. Wer damals dem Führer widersprach, der lag falsch! Wer gegenwärtig nicht an den „menschengemachten" Klimawandel zu glauben vermag, wird als ignorant und umweltfeindlich bezeichnet. Wer die Flüchtlingspolitik Angela Merkels kritisiert und sie kriminell nennt, ist ein Neonazi. Wer die Integrationsfähigkeit der muslimischen Mehrheit in westlichen Ländern für unmöglich hält, ist islamophob!

Das Yin-Yang-Prinzip ist total ausgewogen. Es gibt ebenso viel Gutes wie Böses. Es sind die Medien, die uns einen anderen Eindruck vermitteln. Denn worüber berichten sie denn? Von Hurricanes, Erdbeben, Kriegen, Attentaten, Katastrophen, Folter, Affären, Skandalen, Seuchen, Beschimpfungen, Schlägereien, Vergewaltigungen, Prominentenscheidungen, Psychos; die ganze Klaviatur rauf und runter. Und weil du keine anderen Informationen über das Weltgeschehen erhältst, glaubst du, die Welt sei aus dem Gleichgewicht geraten.

Lass dich nicht täuschen! Die Welt ist nicht nur böse, sondern **ebenso** gut. Betrachtet man die Nöte auf diesem Globus statistisch anstatt durch die tendenziöse Brille der Medien, könnte man sogar auf die Idee kommen, das Gute als überproportional zum Bösen zu sehen!

Zurzeit hungern von 7,5 Milliarden Menschen auf der Erde 795 Millionen. Laut UN befinden sich von 7,5 Milliarden Menschen auf der Erde 65 Millionen auf der Flucht. Lauf ILO sind von 7,5 Millionen auf der Erde gerade mal 200 Millionen ohne Arbeit. Laut UNO leben von 7,5 Milliarden Menschen auf der Erde 1,2 Milliarden in extremer Armut. Pro Tag sterben im Schnitt 500 Menschen durch kriegerische Auseinandersetzungen. Mehr als doppelt so viele Menschen kommen allerdings durch Ertrinken ums Leben. Auch Asthma (650 Tote pro Tag),

Stürze (1070 Tote) oder Flammen (850) töten mehr Menschen als Kriege.

Ich schreibe das nicht, um die Not und das Leid zu relativieren! So nach dem Motto: So schlimm steht's mit dem Leiden der Menschheit als Ganzes gesehen gar nicht. Den meisten geht's ja – statistisch betrachtet – sogar ziemlich gut!

So zu denken wäre zynisch! Mir geht es darum, das totale Ungleichgewicht der Medienberichterstattung zu exponieren. Denn sie malt ein Bild, das der Wirklichkeit in keiner Weise standhält.

In meiner Wahrnehmung jedenfalls regiert das Dao! Weder das Böse noch das Gute. Yin und Yang sind im Gleichgewicht, denn das Dao braucht beide Seiten zu gleichen Teilen. Sonst könnte Manifestation nicht funktionieren. Oft und gern erwähnt in nahezu all meinen Büchern. Weil Wissen allein dieses scheinbare Ungleichgewicht in der Wahrnehmung nicht korrigieren und ins Gleichgewicht bringen kann. Es muss verinnerlicht werden. Und Verinnerlichung braucht Wiederholung. Oftmalige, wie jeder weiß, der sich mit Konditionierung beschäftigt. Denk nur nicht du hättest verstanden, weil du ein Aha-Erlebnis hattest. Den Prozess zur Verinnerlichung des Verstandenen solltest du nicht unterschätzen.

Das Böse dient ausschließlich dem Guten

Die Kraft, welche eine barmherzige Schwester zum Wohltun bewegt, ist dieselbe wie diejenige, die den Mörder zu seiner Tat führt, aber die Pflege der Waisenkinder hat unleugbaren Vorrang vor dem Mord. Beachten wir also, dass der konkrete Akt der Barmherzigkeit einen unbestreitbaren Vorzug vor dem konkreten Akt des Mordes hat, dass aber beide Handlungen abstrakt gesehen, gleich sind, dass sie unter dieser Perspektive nur die symbolischen Repräsentanten von positiver und negativer Kraft sind, welchen gleichen metaphysischen Wert besitzen.

Die Hohe Lehre, S 27

Die Klarsicht in Sachen Dualität ist <u>wesentlich</u> für ein Leben irreversiblen inneren Friedens und Harmonie. Manifestation benötigt *beide* Kräfte, obgleich es sich um *eine* Kraft handelt. Nonduales Bewusstsein verneint daher weder das Gute noch das Böse. Es transzendiert jedoch beides.

Ich werfe einen Stein: zwei Kräfte sind im Spiel, eine aktive Kraft, die aus meinem Arm kommt, eine passive Kraft, die im Stein ruht. Diese beiden Kräfte sind einander gegengesetzt, ergänzen sich aber. Ihr Zusammenwirken ist nötig, damit der Stein seine Bahn beschreibt. Ohne die aktive Kraft meines Arms käme der Stein nicht in Bewegung. Ohne die von seiner Masse bedingten Trägheit würde derselbe Stein, sobald er aus meiner Hand geworfen wird, keine Bahn beschreiben können....

Die Hohe Lehre, S 26-27

Was uns in diesem Beispiel als aktiv und passiv erscheint, erscheint uns auf der Ebene der Ethik als Gut und als Böse. Das Gute hat zwar eindeutig Vorrang, was das praktische (Er)leben betrifft, metaphysisch (oder abstrakt) betrachtet sind beide Kräfte von gleicher Notwendigkeit.

Soweit die beiden unteren Prinzipien wirken und etwas hervorbringen, löst das positive Prinzip das Spiel des negativen Prinzips aus und besitzt somit in diesem Punkt eine fraglose Überlegenheit über das negative Prinzip.

Die Hohe Lehre, S 27

Daher schildert das Buch Hiob den Satan (das Böse) als Engel, der vor seinen Herrn treten muss, um sich die Erlaubnis zu holen, Hiob auf seine Gottesfurcht hin zu testen und mit Krankheit zu schlagen. Gottt erscheint hier zwar als der Gegensatz zum Bösen (dem Satan), gleichzeitig aber auch als transzendentes Prinzip, das über Gut und Böse entscheidet! So dass wir schlussfolgern können: Zweifelsohne ist das Gute dem Bösen vorzuziehen, was das praktische (Er)Leben betrifft. Doch erstens sind das Gute und das Böse relativ und zweitens dient das Böse immer dem Guten. Niemals umgekehrt. Im Falle Hiobs dienten die Anschläge Satans der Klarheit Hiobs: *Ich hatte von dir mit den Ohren gehört; aber nun hat dich mein Auge gesehen*[3]. Im Fall des 2. Weltkriegs diente derselbe, trotz seiner entsetzlichen Folgen, der bereits über 70 Jahre währenden Friedensperiode Europas.

---

[3] Hiob 42:5

Relativ sind Gut und Böse beispielsweise hinsichtlich der versuchten Ermordung Hitlers. Ein gelungener „Mord" wäre doch in diesem Fall durchaus „gut" und sogar ein Glückstag für die Welt gewesen! „Schlecht" dagegen war, dass er nicht gelang!

Klarheit bezüglich der Notwendigkeit dualen Erlebens befreit dich aus den Fängen des Dualismus, der das transzendente oder „oberste" Prinzip außeracht lässt. Im Dualismus stehen sich Gut und Böse nur als krasse Gegensätze gegenüber. Und der Gottgläubige steht natürlich immer auf der Seite des Guten, selbst dann, wenn das Gute bedeutet, das Böse zu vernichten. Im Islam sind das die Ungläubigen, die waren aber nicht minder im Christentum vor der Aufklärung böse, als die Trennung von Staat und Kirche noch nicht vollzogen war und diese kriminelle Vereinigung, genannt „katholische Kirche", mit dem Papst an der Spitze noch das Sagen hatte.

Und natürlich stellt sich im Dualismus die törichte, wenn auch durchaus verständliche Frage: „Wie kann Gott nur solch ein Übel zulassen?" Immer und immer wieder, insbesondere dann, wenn etwas Schreckliches passiert wie beispielsweise beim Tsunami im Jahr 2004, der über 230'000 Todesopfer zur Folge hatte. Das ist natürlich bestürzend, denn es handelte sich um eine Naturkatastrophe, die eine Ausnahme darstellt. Weshalb ist in der Regel niemand darüber bestürzt, dass über den Globus verteilt, pro Tag 155'000 Menschen sterben? Teilweise wesentlich schmerzhafter als durch Ertrinken. Noch einmal: Es sind vor allem die Medien, die uns den Eindruck vermitteln, dass das Böse in der Welt die Übermacht hätte.

> Das Böse dient ausschließlich dem Guten!
>
> Das Gute ist dem Menschen daher weit näher als das Böse.
>
> Denn das transzendente Prinzip nutzt das Böse lediglich für das Gute.

Daher, selbst wenn sich in meinem persönlichem (Er)leben „Böses" ereignet, bin ich zwar durchaus „angepisst", jedoch nicht am Boden zerstört. Denn in meinem Bewusstsein ergänzen sich die Gegensätze und sind daher transzendiert. Darüber hinaus herrscht die Klarheit, dass das Böse immer und in jedem Fall dem Guten dient. Was jedoch, zumindest bei mir, nicht zu der Behauptung führt: Lasst uns Böses tun, damit Gutes herauskomme!

Das könnte übrigens nur jemand sagen, der sich noch nicht im Klaren darüber ist, dass er weder Gutes noch Böses tut und tun kann. Schlicht deshalb, weil keiner was tut, mag er es zwar sagen (können), tun kann er allerdings nur, was ihm zu tun bestimmt ist.

Wie „gut", dass der freie Wille Illusion ist! Denn wäre er de facto frei, wäre die Welt tatsächlich so unausgewogen böse und grausam, wie ihn die Medien darstellen.

Das Gleichgewicht der Kräfte

Die Gesetze des partiellen Determinismus sind nur auf der Ebene des Konkreten, des Räumlichen und Zeitlichen gültig. Jede besondere Manifestation dieser im Bereich des Gesonderten auftretenden Gesetze scheint eines Ordnungsprinzips zu entbehren. Der eine Mensch zum Beispiel hat während seines ganzen Daseins ein unglückliches, der andere ein glückliches Schicksal. Dieser partielle Determinismus, der in der Erscheinungswelt auftritt, scheint ungerecht, ohne höhere Ordnung, ohne inneres Gleichgewicht. Das Gesetz des totalen Determinismus hingegen gilt nicht nur auf der Ebene der besonderen Erscheinungen, sondern im Universellen. Innerhalb dieses Determinismus vermögen wir nur vollkommene Ordnung zu erkennen. Der Gesamtheit der positiven Erscheinungen entspricht genau eine Gesamtheit von negativen Erscheinungen. Jede Erscheinung wird in einem Ganzen integriert und durch ein genau komplementäres Phänomen ausgewogen.

Die Hohe Lehre, S 74

Deshalb antworte ich auf die Frage, ob sich das Gleichgewicht der Kräfte auf das einzelne Individuum bezieht, mit einem klaren Nein. Schau dir den Erlebniskosmos des einen oder anderen Individuums an! Dann wird dir die phänomenale Welt höchst ungerecht erscheinen. Und der soziale Mensch wird den Versuch unternehmen, Ausgleich zu schaffen. Das ist jedoch auf individueller Ebene ein Ding der Unmöglichkeit!

Das sogenannte Gerechtigkeitsdenken führt total in die Irre. Denn es schafft zwar nicht weniger, jedoch auch nicht mehr Gerechtigkeit auf dem Globus. Die Verhältnisse sind „immer" total ausgeglichen. Und wenn du in dem Teil der Welt leben solltest, in welchem es relativ gerecht zugeht, darfst du dich glücklich schätzen. Dazu hast du nichts getan, es ist schlicht dein „persönliches" Schicksal.

Ich hatte einmal einen Bekannten, der stets dann, wenn er sich mit den Ungerechtigkeiten auf dem Globus konfrontiert sah, bemerkte: Nicht mein Karma! Nun würde ich anstatt Karma weit lieber den Begriff Schicksal einsetzen, seine Grundhaltung jedoch teile ich. Ich kann unmöglich die Welt retten! Und wer dies versucht, der muss scheitern.

Es berührt mich, wenn ich vom Leid anderer höre oder es sogar, meistens nur in den Medien, auch vor Augen geführt bekomme. Mir stellt sich jedoch weder die Frage, wie Gott all das Leid nur zulassen kann, noch die, wie man die Welt in einen Ort des Friedens und des Glücks verwandeln könnte. Mir ist bewusst, dass sich das mitleidslos liest. So in dem Sinne: Hauptsache mir geht es gut! Die Anderen müssen selber sehen wie sie zurechtkommen.

Oh Nein! Nicht nur Jahre, Jahrzehntelang stellten sich mir diese Fragen! Weil mir schon als junger Mann Intuitiv bewusst war, dass äußeres Leid innere Ursachen hat, engagierte ich mich nie für soziale Projekte. Dafür aber für spirituelle und ideelle. Ja, ich wollte de facto die Welt retten! Ich lebte mit der Vision des sogenannten 1000jährigen

Friedensreichs[4] und des sogenannten Neuen Jerusalem,[5] das uns die Offenbarung des Johannes verheißt.

Wolf und Lamm sollen weiden zugleich, der Löwe wird Stroh essen wie ein Rind, und die Schlange soll Erde essen. Sie werden nicht schaden noch verderben auf meinem ganzen heiligen Berge, spricht der HERR.

(Jesaja 65: 25)

Und ich hörte eine große Stimme von dem Thron her, die sprach: Siehe da, die Hütte Gottes bei den Menschen! Und er wird bei ihnen wohnen, und sie werden sein Volk sein, und er selbst, Gott mit ihnen, wird ihr Gott sein; und Gott wird abwischen alle Tränen von ihren Augen, und der Tod wird nicht mehr sein, noch Leid noch Geschrei noch Schmerz wird mehr sein; denn das Erste ist vergangen.

(Offenbarung 21: 1-2)

Mit dieser Vision lebte ich nahezu 20 Jahre! Dafür engagierte ich mich, dafür arbeitete ich, dafür setzte ich mich ein und glaubte tatsächlich, meinen Beitrag zur Verwirklichung dieses paradiesischen

---

[4] Millenarismus, Millennialismus (v. lat.: *Millennium* „Jahrtausend") bezeichnet ursprünglich den Glauben an die **Wiederkunft Jesu Christi** und das Aufrichten seines tausend Jahre während Reiches (genannt Tausendjähriges Reichs oder tausendjähriges Friedensreich). Wikipedia

[5] Das Neue Jerusalem (auch „Himmlisches Jerusalem" genannt) entspringt einer Vision aus dem **neutestamentlichen** Buch der **Offenbarung des Johannes**, Kapitel 21, wonach am Ende der **Apokalypse** eine neue Stadt, ein neues **Jerusalem** entstehen wird. Dies geschieht, nachdem der alte Himmel und die alte Erde vergangen sind. (Wikipedia)

Zustands zu leisten! Das Leid in der Welt ging mir also alles andere als am Arsch vorbei.

Je länger ich jedoch in der Gruppe verweilte, die mit diesem Ziel lebte, desto eindeutiger wurde, dass wir nicht einmal unter uns jenen Frieden schaffen konnten, den wir global erreichen wollten! Es kam zu Streitereien, insbesondere über die Strategie, wie man das globale Ziel erreichen könne. Als ich schon nicht mehr in der Gruppe war, kam es sogar, wie ich hörte, zur Spaltung.

Und so läuft das immer! Du kannst hinschauen wo du willst. Überall kriselt es. Überall gibt es Trennungstendenzen. Im Moment wollen die Katalanen eine eigene Republik. Und die Kurden wollen dies auch. Jedoch selbst dann, wenn einer Menschengruppe das Vorhaben gelingt sich zu einen, als Volk, als ideelle oder spirituelle Gemeinschaft, geht's irgendwann wieder bergab.

Als ich während meines Besuches bei Ramesh Balsekar erkennen durfte, dass Dualität die Basis der Manifestation ist, starb der letzthin infantile, vor allem aber geradezu aberwitzige Wunsch, genau dieses Gesetz auszuhebeln. Doch anstelle des Wunsches trat die Erkenntnis, dass die Welt bereits vollkommen im Gleichgewicht ist! Freilich nicht partiell, sondern global betrachtet. Nicht individuell, sondern in seiner Ganzheit!

Das Gesetz des totalen Determinismus hingegen gilt nicht nur auf der Ebene der besonderen Erscheinungen, sondern im Universellen. Innerhalb dieses Determinismus vermögen wir nur vollkommene Ordnung zu erkennen. Der Gesamtheit der positiven Erscheinungen entspricht genau eine Gesamtheit von negativen Erscheinungen.

Diese Klarheit erlöste mich von allen Versuchen, mich für globale Gerechtigkeit und Weltfrieden zu engagieren. Zwar bin ich ein „missionarischer" Mensch geblieben, habe jedoch mitnichten eine Mission. Meine Aktivitäten als „Guru" entsprechen lediglich meiner Funktion und wenn Gottt sich durch mich nicht mehr äußern würde, wäre das in meiner Wahrnehmung kein Beinbruch. Ich würde dann lediglich „anders" funktionieren. Ich kann mir zwar nicht vorstellen, wie ich je „anders" funktionieren könnte, ich verfolge jedoch mit dem was ich tue kein Ideal oder gar eine Vision oder Mission.

Am Ende jeder Mission steht das Scheitern! Und das ist nicht etwa schlimm oder gar desaströs, sondern im Gegenteil heilsam. Weil es die Klarheit, wie sie sich im Eingangszitat von Benoit formuliert, zu vermitteln vermag.

Dann funktionierst du deiner Anlage gemäß, wirst das, was man als bodenständig bezeichnet und alle Wolkenkuckucksheime in deinem Schädel verdampfen im gleißenden Licht der Wahrheit.

Existieren statt leben

Das Gute und Schöne unterstützen ebenfalls die Existenz, indem sie deren Bedingungen verbessert. Mit dem Wahren verhält es sich ähnlich, da der Mensch von ihm die Besänftigung seiner inneren Unruhe erwartet und damit die harmonische Ruhe seines inneren Gefüges...

Betrachtet man die Dinge objektiv, so gelang man zu dem Ergebnis, dass das einmal vorhandene Triebwerk „Mensch" mittels seiner Handlungen dahin strebt, seine eigene Existenz zu unterhalten. Es sieht also so aus, als ob die Existenz keinen anderen Zweck hätte, als eben diese Existenz selbst.

Jener großartige Begriff „Leben", neben welchem das „Existieren" so nichtig erscheint, hat nur die Aufgabe, diesem Existieren zu dienen. Das Handeln geht aus der Existenz hervor und dient ihr; die Existenz ist also das Handlungsprinzip und somit dem Leben unendlich überlegen (wie jedes Prinzip seiner Erscheinungsform überlegen ist)

Wenn ich auf diese Weise meine Existenz als Urgrund meines bestehenden Organismus betrachte, so erscheint sie in Bezug auf die Gesamtheit all meiner Erscheinungsformen transzendent und ist somit völlig unabhängig von der Fortdauer und dem Tod meines Organismus.

Die Hohe Lehre, S 37 + 38

Starker Tobak! Aber den liebe ich! Der Lebenslüge auf die Schliche zu kommen und ihr die Maske herunterzureißen, das bereitet mir allergrößte Freude! Erfülltes Leben! Dass ich nicht lache! Was für ein hanebüchener Unsinn, nicht allein völlig sinnfrei, nein, er macht dir sogar das Leben kaputt!

Du glaubst mir nicht? Super! Denn wenn du mir nicht glaubst, hast du die Chance, meine Behauptung zu überprüfen! Was genau macht den Menschen unglücklich? Krankheit? Ich kenne Kranke, die zufriedener sind als Gesunde. Du auch? Wenn nicht, mach ein paar Krankenbesuche. Mindestens einen wirst du sicherlich finden, der nicht mürrisch dreinsieht und sein furchtbares Schicksal beklagt. Und wenn du diesen *einen* Kranken findest, ist die Behauptung, Krankheit mache per se unglücklich, entkräftet.

Sind arme Menschen unglücklich? Quatsch! Besuche die Slums in Indien oder Bangladesch. Schau in die Gesichter der ärmsten der Armen! Du wirst nur wenige finden, die nicht lachen und feixen. Als ich mit 21 Jahren zum ersten Mal Indien besuchte, konnte ich nicht verstehen, wie man inmitten dieser Armut lächeln, viel weniger noch sogar lauthals lachen konnte!

Sind die Verlassenen oder die Geschiedenen, die Singles unglücklich? Ne ganze Menge, jedoch wiederum längst nicht alle. Mach einer atmet durch, wenn ihn der Partner verlässt und manche Singles leben durchaus gern allein und sind dankbar dafür, allein leben zu können.

Wir könnten die Liste der möglichen Ursachen des Unglücklichseins natürlich erweitern, wir würden jedoch nur herausfinden, dass sie alle nur vordergründig dafür verantwortlich sind! Denn gibt es auch nur einen einzigen Menschen, der trotz oder gerade wegen des jeweils beschriebenen Umstands nicht unglücklich ist, beweist dies, dass die Ursache anderswo liegen muss. Ein Prinzip muss grundsätzlicher Natur sein, es darf keine Ausnahmen geben. Wie beispielsweise beim Gesetz der Schwerkraft. Da handelt es sich ganz offensichtlich um ein Prinzip, das keine Ausnahme kennt.

Ich bin während meines gesamten Lebens niemals auch nur einem einzigen unglücklichen Menschen begegnet, der seine Situation, sein Aussehen, seine Lebensumstände, sein Temperament, seine Stärken und Schwächen zu akzeptieren vermag. Du? Wenn ja, schreib mir, denn diesen außergewöhnlichen Menschen möchte ich nämlich unbedingt kennenlernen!

Diejenigen, die mit dem Ziel „existieren", ein „erfülltes Leben" zu führen, sind in der Regel die unzufriedensten Menschen. Und du triffst sie überall an. Selbst jene, die das Erwachen oder die Erleuchtung zu ihrem Ziel gemacht haben, sind davon nicht ausgenommen. So wie's gerade ist, ist's in jedem Fall nicht in Ordnung. Irgendwas fehlt. Etwas ist (noch) nicht so, wie es sein sollte, sein müsste oder sein könnte!

Was bedeutet denn Akzeptanz? Immer mit allem einverstanden zu sein? Selbst dann, wenn Mitbewohner bis spät in die Nacht die Musik so laut aufdrehen, dass du nur mit Ohrstöpsel zu schlafen vermagst und selbst dann noch die Bässe hörst, bzw. ihre Schwingung körperlich spürst? Bedeutet Akzeptanz, sich vom Chef andauernd Überstunden aufbrummen zu lassen, ohne sich auch nur einmal dagegen zu wehren? Bedeutet Akzeptanz, auf einen Nenner gebracht, ein Ja-Sager zu werden und niemals aufzumucken?

Dieses Verständnis von Akzeptanz ist noch nicht einmal Schweizer Käse, denn der schmeckt! Es ist vielmehr stinkender Käse, den schon die Maden bevölkern! Akzeptanz bedeutet schlicht zu existieren, anstatt nach einem Leben Ausschau zu halten, welches nur in der Phantasie existiert.

Unser Hund bellt grundsätzlich, wenn es an der Haustüre klingelt. Er zieht wie ein Pferd an der Leine, wenn beim Gassigehen ein Kaninchen auftaucht. Egal wie oft man ihm sagen würde: Akzeptiere doch, dass es klingelt und halt deine Schnauze, akzeptiere doch, dass ich dich nicht von der Leine lassen kann, wenn ein Kaninchen erscheint, es würde nichts bringen. Seine „Existenz" als Hund lässt das nicht zu! Natürlich kann man Hunde dressieren. Wie man Menschen dressieren kann. Dann rebellieren die nicht, wenn der Chef sie ungerecht behandelt. Dann klopfen die nicht an der Haustür des Nachbarn und bitten um Ruhe! Dann lächeln die, wenn man sie auf die rechte Wange schlägt und halten sogar noch die linke hin. Solch ein Verhalten ist auf Dressur zurückzuführen und hat mit Akzeptanz nicht das Geringste zu tun. Akzeptanz ist nichts, was man tut oder nicht tut.

Wer aufhört zu leben und stattdessen schlicht existiert, der IST in Akzeptanz! Selbst wenn er bellt. Selbst wenn er gegen die Leine aufbegehrt und sich losmachen will. Er hat schlicht keine Vorstellung mehr davon, wie sein Leben sein könnte, sein sollte oder sein müsste! Und wenn die Umstände es notwendig erscheinen lassen, den Job, die Wohnung, den Partner, den Arzt oder was weiß ich wen oder was zu wechseln, dann wird das einfach in die Wege geleitet. Da gibt's kein langes Hin- und Herüberlegen.

Jener großartige Begriff „Leben", neben welchem das „Existieren" so nichtig erscheint, hat nur die Aufgabe, diesem Existieren zu dienen!

Wir haben den Bock zum Gärtner gemacht! Ein Ziegenbock würde in einem Garten die Pflanzen abfressen und die Beete zertrampeln, anstatt ihn wie ein Gärtner zu pflegen. Und genau das passiert, wenn wir das (erfüllte) Leben der puren Existenz vorziehen.

Die Existenz dient nicht dem, was wir unter einem „erfüllten Leben" verstehen. Es ist genau umgekehrt. Wenn dich diese Klarheit ereilt, gehen alle Vorstellungen darüber, wie ein erfülltes Leben auszusehen hat und sich anfühlen sollte, über Bord.

Warum bekommen meine Frau und ich nie ein tiefgreifendes oder gar langfristiges Problem, wenn wir verschiedener Meinung sind und uns streiten? Weil wir existieren, nicht leben! So einfach ist es. Streit in einer Partnerschaft ist nicht nur unvermeidbar, sondern notwendig! Ich kenne Paare, die behaupten, sich noch nie gestritten zu haben. Ich zweifle nicht an deren Glaubwürdigkeit. Es ist jedoch mitnichten ein Vorteil sich niemals auseinanderzusetzen. Problematisch ist einzig, wenn Paare die Vorstellung hegen, Streit sei ein Zeichen innerer Entzweiung oder könnte dazu führen, weshalb sie ihn tunlichst vermeiden. Lieber schweigen, als sich auseinanderzusetzen. Man kann das womöglich sogar ein Leben lang durchhalten, sollte sich aber nicht wundern, wenn man sich am Ende kaum noch etwas zu sagen hat und nur noch in friedlicher Co-Abhängigkeit zusammenlebt.

Es sieht also so aus, als ob die Existenz keinen anderen Zweck hätte, als eben diese Existenz selbst...

Existieren um zu existieren - das soll der Sinn des Lebens sein? Ich sage: Ja. Du musst mir natürlich nicht glauben. Du solltest mir auch gar nicht glauben. Mein Vorschlag ist vielmehr, diese „Behauptung" zu überprüfen. Und wenn du zu dem Ergebnis kommen solltest, dass unsere Handlungen einem anderen, einem höheren Zweck dienen, als dem der Erhaltung der Existenz, leg dich in die Riemen und verfolge ihn mit all deinen Kräften. Womöglich ist das die effizienteste Art, um den Irrsinn höherer Sinnhaftigkeit zu exponieren. In meinem Fall war es jedenfalls so.

Ein Tier der Gattung Mensch

Das Eintreten des Satori [6] ist nichts anderes als das Bewusstwerden des Existierens, das jetzt noch unbewusst in mir ruht, das Bewusstwerden der prinzipiellen und uranfänglichen Wirklichkeit dieses universellen vegetativen Lebens, welches in meiner Person eine Erscheinungsform des Absoluten Prinzips geworden ist, das, worin „Ich" und zugleich unendlich mehr als ein „Ich" bin, Immanenz und Transzendenz zugleich. Es ist das, was das Zen Selbstschau nennt.

Die Hohe Lehre, S 40

Wie sollte Satori anders als durch Desillusionierung eintreten? All das, was wir durch Konditionierung (oder Dressur) als „erfülltes Leben" bezeichnen, wird als Illusion durchschaut und was am Ende übrigbleibt, ist das Bewusstsein puren Existierens, welches zwar schon vorhanden, aber unbewusst war. Das, *worin „ich" und zugleich unendlich mehr als ein „Ich" bin, Immanenz und Transzendenz zugleich*, kann allerdings meinem Hund nicht bewusst werden. Dazu besitzt er nicht das Potential, es ist dem Human Animal vorbehalten.

Im Ausdruck jedoch führt Satori nicht zu Nietzsches Übermenschen, zu Oshos Neuen Menschen und auch nicht zu Aurobindos vergöttlichter Supra-Menschheit, sondern es crasht diese ebenso erhabene wie drollige Vorstellung. Ich werde vielmehr zu dem, was ich schon bin: Ein

---

[6] Satori ist im Zen das, was im Advaita Erleuchtung genannt wird.

Tier der Gattung Mensch! Eine von unzählig vielen Erscheinungsformen *universellen vegetativen Lebens, welches in meiner Person „eine"* *Erscheinungsform des Absoluten Prinzips geworden ist.*

Klares Sehen erhöht mich als Mensch ebenso wenig, wie es mich erniedrigt, es normalisiert mich vielmehr. Es knickt überhöhtes Selbst- oder gar Gottesbewusstsein ebenso, wie das Gefühl der Minderwertigkeit und Unvollkommenheit.

Wenn ich lediglich eine Erscheinungsform des Absoluten bin, wessen sollte ich mich denn rühmen? Auf was könnte ich stolz sein? Ebenso wenig kann ich mich jedoch schämen. Beispielsweise meiner sexuellen Begehrlichkeit, wie es uns die Religion von jeher weismachen will. Ich bin und bleibe ein Menschentier in all seinen Facetten, daran ändert sich durch Satori überhaupt nichts. Ich kann es jedoch voll und ganz akzeptieren und unternehme nicht den törichten Versuch der Transformation.

Ich bin mir des absoluten Prinzips, aus dem heraus ich existiere, wohl bewusst. Es gilt jedoch nicht nur für mich, es gilt ebenso auch für jeden anderen Menschen, ob es ihm nun bewusst oder nicht bewusst ist. Es gilt sogar für eine Sau, eine Kakerlake, ein Unkraut, eine Stechmücke. Was mich jedoch nicht daran hindert, ein Schweineschnitzel zu essen, die Kakerlake zu zertreten, Unkraut zu jäten und die Stechmücke zu erschlagen! Und das möglichst, bevor sie mich sticht.

Fressen und Gefressenwerden ist das Prinzip der Natur und Satori führt mich zurück zum universalen Prinzip der Natur. Anders formuliert: Satori führt mich In meinen natürlichen Zustand. In welchem so etwas wie Kultur oder Spiritualität nur als Begriff existiert.

Wie sollte ich an eine besondere, spezielle Lebensform glauben können, wenn alles Sichtbare nichts anderes ist als eine Erscheinungsform des absoluten Prinzips? Nicht morgen, nein heute. Schon immer!

Natürlich gibt es Entwicklung. Das zu verneinen, widerspräche den vorhandenen Gegebenheiten. Eine Rose ist zunächst nur ein Same, aus dem sich zunächst ein Stil, dann eine Knospe, dann eine Blüte entfaltet. So ist das universale vegetative Leben angelegt. Freilich auch beim Menschen. Vom Baby zum Greis. Einen korporativen Übermenschen vermag ich jedoch nicht zu erkennen. Nicht einmal im Ansatz. Selbst einen einzelnen sehe ich nirgends. Es sei denn, man wollte die Genies als Übermenschen bezeichnen. Soweit mir bekannt, wurden und sind aber selbst die Genies, auch die spirituellen, nicht befreit von den Bedürfnissen des menschlichen Körpers und den sogenannten Schwächen des menschlichen Charakters. Beispiele dafür gib es massenhaft!

Vergebliche Liebensmüh daher an sich zu „arbeiten"! Im Wesentlichen ändert sich nichts. Was sich ändert, sind lediglich die Entwicklungsstadien entfalteten Potentials, das jeder Mensch in sich trägt. Und um die Entfaltung desselben brauchst du dich ebenso wenig zu kümmern, wie der Weinbauer um das Wachstum der Weintrauben, die hier bei uns im Zabergäu gerade kurz vor der Ernte stehen[7]. Im Frühjahr werden die Reben lediglich mit etwas Kompost versorgt, etwa zwei bis drei Liter pro Quadratmeter. Die übrigen Pflegemaßnahmen beschränken sich vor allem auf den Schnitt und das Entfernen der

---

[7] Zu der Zeit, als das Buch geschrieben wurde

Blätter, die die Trauben zu stark schattieren. Alles andere besorgt die Natur.

Im natürlichen Zustand beschränkt sich die Pflege des KörperGeistAggregats ebenfalls auf das Nötigste: Speise, Trank, Wetterschutz, Bewegung, Ruhe, Hygiene, Interaktion, Kommunikation, Genuss. Der hängt freilich ab von deinen Interessen. Und selbst die kann sich niemand aussuchen, sie sind vorgegeben. Ebenso vorgegeben (oder vorherbestimmt) ist, wie sich deine Existenz finanziert. Ob als Handwerker, Bauer, Bürokraft, Verkäufer, Lehrer, Unternehmer, Manager, Flugkapitän, Künstler, etc. beruht auf deinen Fähigkeiten und deinen Interessen. Vor allem jedoch auf Bestimmung.

Wie bei einer Rose kannst du nicht erwarten, dass du schon vor dem Erscheinen des Stils und der Knospe erblühst. Das Erblühen deiner „wahren Bestimmung" kann unter Umständen dauern, und eine ganze Reihe von Entwicklungsstadien mag ihnen vorausgehen. Bei mir war das jedenfalls so.

Du siehst also: Satori ist *Immanenz und Transzendenz zugleich*. Johann Wolfgang von Goethe hat das poetisch so formuliert:

„Was wär ein Gott, der nur von außen stieße,
Im Kreis das All am Finger laufen ließe!
Ihm ziemt' s, die Welt im Innern zu bewegen,
Natur in Sich, Sich in Natur zu hegen,
So dass, was in Ihm lebt und webt und ist,
Nie Seine Kraft, nie Seinen Geist vermisst!

Andauernd nichts ist ja auch nichts

Dies, was hinter den Veränderungen wirklich ist, verändert sich nicht, es ist die Seinsexistenz, das Prinzip der Erscheinungsexistenz. Ich muss die völlige Gleichheit der variierenden Erscheinungen begreifen, (Freude oder Trauer, Leben oder Tod) in Bezug auf das, was hinter diesen Erscheinungen Ist.

Die Hohe Lehre, S 41

Ist die „Seinsexistenz" – also das zeitlose, körperlose, immaterielle Prinzip hinter den Erscheinungen realisiert – verschwindet sowohl die Furcht vor dem Leben als auch die vor dem Tod. Das ist vollkommen klar, denn wovor könnte und sollte sich das, was ewig ist, fürchten? Ich bin das, was erscheint schließlich nur, um nicht andauernd, fortwährend „nichts" zu erleben.

Haha!

Verstehst du, weshalb ich lache? Ich lache über den letzten Satz! Lies ihn nochmal, damit du mitlachen kannst, wenn dir noch nicht zum Lachen war!

> Andauernd nichts ist das,
> was hinter den nichtsnutzigen Erscheinungen steht!

Du schaust in die Welt und du denkst: Was für ein Irrsinn! Ich mein jetzt natürlich nicht die stille Natur. Die Sonne, den Sky, den Wald, die Wiesen, die Felder, die Bäume, Büsche und Blumen. Ich meine die

Menschen. Vor allem die Großkopferten! Regierende, Top-Manager, etc.

Wenn dies alles Wirklichkeit wäre, müsste man sich Tag und Nacht Sorgen machen und fürchten. Tun ja auch viele. Insbesondere Sensible bzw. Sensitive.

Bedenke jedoch: *Wie sollten die Erscheinungen anders als „nichtsnutzig" sein, wenn sie aus dem Nichts hervorgingen?* Bitte, diese Frage ist nicht etwa witzig! Obgleich sie zum Lachen bringt. Denn siehst du die Welt in diesem Licht, was bleibt dir da noch anderes übrig, als schallend zu lachen?

Die Existenz der Erscheinungswelt hat keinen anderen Sinn, als den der Existenz, wie wir schon im vorhergehenden Kapitel festgestellt haben. Frag dich nur, welchem Zweck deine alltäglichen Handlungen dienen? Selbst dann, wenn du dich um andere mehr kümmern solltest als um dich – geht's denn um etwas anderes, als um die Erhaltung der Existenz?

Du magst mir entgegnen: Wozu lese ich dann deine Texte? Wozu komm ich zu dir in die Session? Darauf könnte ich doch rein existentiell betrachtet auch verzichten! Oder: Warum geh ich ins Kino? Wieso in Urlaub ans Meer? Wieso besuche ich die Universität? Etwa auch aus rein existentiellen Gründen?

Natürlich! Was sonst? Denn der menschliche KörperGeistOrganismus hat im Unterschied zu anderen Tieren geistige Bedürfnisse und Interessen, die ebenso befriedigt werden müssen, wie die rein biologischen. Ohne sie zu befriedigen verkümmert der Geist!

Sinn macht alles nur im Hinblick auf die Erscheinungsexistenz und deren Erhaltung. Darüber hinaus findest du keinen. Es sei denn, du legst es drauf an. Dann eröffnen sich dir viele verschiedene Sinnhaftigkeiten, die sich jedoch zumeist nach einer gewissen Zeit als bunte Seifenblasen herausstellen und daher zerplatzen. Viele Menschen sind allerdings unfähig, sich das einzugestehen und bleiben daher ihrem Glauben oder ihrer Philosophie bis zum Ende verhaftet.

Ich muss die völlige Gleichheit der variierenden Erscheinungen begreifen, (Freude oder Trauer, Leben oder Tod) in Bezug auf das, was hinter diesen Erscheinungen Ist.

Ist das nämlich nicht der Fall, hänge ich in der Erscheinungswelt fest! Ich erlebe dann ausschließlich die variierenden Erscheinungen von Krieg und Frieden, Böse und Gut, Fülle und Mangel, Freude und Trauer, Leben und Tod.

Die variierenden Erscheinungen erlebst du freilich auch, wenn dir klar ist, dass die Erscheinungsexistenz nicht die Wirklichkeit ist. Sie verlieren jedoch ihre immense Eindrücklichkeit. Sie können dich nicht mehr versklaven. Nicht mehr hinters Licht führen. Denn du bist dir dessen gewiss, dass du nur sekundär, nicht primär bist, was erscheint. Du bist dir dessen gewiss, dass du das, was erscheint, nur deshalb und auch nur temporär bist, um nicht andauernd, fortwährend „nichts" zu erleben. ☺

Vollendetes Scheitern ist deine Erlösung

Es ist also verständlich, wieso der Zustand der Angst das fatale Los von jenen Menschen wird, die in einer gewissen Hinsicht als die Begabtesten und innerlich Reichsten erscheinen, da ihre unparteiische abstrakte Seite ebenso stark wie die animalisch-parteiergreifende Seite ausgebildet ist. Unter dem Zustand der Angst werden hingegen kaum oder gar nicht leiden: einerseits diejenigen Menschen, deren abstrakter Teil schwach ist und denen folglich eine bequem-egoistische Lebensweise möglich ist; „Materialisten" und andererseits diejenigen Menschen, deren animalische Seite schwach ausgebildet ist und welche ihr Leben in einem bequemen altruistischen Verzicht hinbringen; „Spiritualisten".

Bei den Menschen der ersteren Gattung trägt praktisch das „Nein" den Sieg davon, bei denen der zweiten Gattung das „Ja". In beiden Fällen hat das Pendel der Waage nach der einen oder andern Richtung hinausgeschlagen und bleibt hiermit festgelegt. Nur der Unglückliche, der beide Seiten in sich stark ausgeprägt vorfindet, wird innerlich von dem Kampf zwischen dem unversöhnten „Ja " mit dem unversöhnten „Nein" hin und her gerissen. Dieser Mensch ist zwar unglücklich, aber gleichzeitig ist er am stärksten dazu aufgerufen, auf seine völlige „Verwirklichung" hinzuarbeiten, die in der Versöhnung des „Ja" und des „Nein" besteht. Die andern befinden sich zwar in einer bequemen Lage, aber zu dieser Verwirklichung sind sie nicht berufen.

Die Hohe Lehre, S 54

Ich nehme an, dass du zu denen gehörst, die zu dieser Verwirklichung berufen sind. Würdest du ansonsten dieses Buch lesen? Was könnte dich sonst motivieren, es dir womöglich sogar einzuverleiben?

Ich kann dem was Benoit im Eingangszitat behauptet, voll und ganz zustimmen. Denn die geistige und die animalische Seite waren in mir immer gleich stark ausgeprägt. Stets hin und hergerissen von beiden blieb mir gar nichts anderes übrig, als auf meine völlige Verwirklichung „hinzuarbeiten". Und ja, genauso fühlte es sich auch an, obgleich ich im Nachhinein sehe, dass ich keine andere Wahl hatte. Dass sozusagen mit mir auf sie zugearbeitet wurde.

Natürlich war ich nicht immer unglücklich! Das würde kein Mensch aushalten können. Vom Grundgefühl her aber war's so. Das Leben blieb in meiner Wahrnehmung stets unerfüllt. Gott sei Dank ist dieser Zustand in meinem emotionalen Gedächtnis gelöscht, denn ich kann mich nur noch mental, emotional aber gar nicht mehr daran erinnern.

Unglücklichsein ist also ein Zeichen deiner Berufung (solltest du nach Verwirklichung streben). Und all jene, deren relatives Glücklichsein als Materialisten oder als Spiritualisten du nicht verstehst oder gar beneidest, sind schlicht nicht zur Verwirklichung berufen. Daher lässt Gottt sie in Ruhe. Das wird dich zwar nicht zu trösten vermögen, ist aber Fakt.

Hegtest du nicht auch schon den Wunsch „dabei sein" zu können? Dich so auf die „Meute" einlassen zu können wie all jene, denen das offenbar gar nicht schwerfällt? Und doch konntest du dich weder gänzlich auf die Seite der Materialsten noch auf die der Spiritualisten schlagen. In beiden Lagern blieb ein Gefühl des Unwohlseins zurück. Stimmt's?

Im Grunde genommen warst und bist du immer allein! Und weißt, dass du „deinen Weg" gehen musst. Vielleicht hast du ein, zwei, drei gute Freunde, doch selbst in deren Gegenwart bist du nicht das, was man „eins" nennen könnte.

Du solltest nicht glauben, dass die anderen nicht allein wären. Jeder von uns ist allein! Jene aber, die ihr Alleinsein nicht so konkret erleben wie du, werden von Gottt sozusagen verschont. Mit ihnen wird ein „anderer Plan" verfolgt als mit dir.

Denn unser aller Leben ist haarklein festgelegt! Du kommst da nicht raus, selbst wenn du dich noch so sehr anstrengst. Und selbst deine Anstrengung ist Teil dieses „Plans". Bis du schließlich vollends mit deinen Bemühungen scheiterst. Jedoch ist dieses vollendete Scheitern deine Erlösung, die Benoit hier Verwirklichung nennt! Du bist nun versöhnt mit beiden Seiten, mit der abstrakten ebenso, wie mit der animalischen. Mit dem Materialisten ebenso, wie mit dem Spiritualisten in dir.

Zwei Extreme sind sozusagen „unter einen Hut" gebracht. Beide werden nicht allein akzeptiert, sondern sogar geschätzt. Doch genau deshalb kannst du noch weniger als zuvor zur „Meute" gehören. Denn den Materialisten bist du nun zu spirituell. Und den Spirituellen bist du nun zu materialistisch.

Andererseits hast du nun eine „Sonderstellung", obgleich du dir nichts darauf einbilden kannst, weil dir klar ist, dass sie ebenso determiniert ist wie die „Allgemeinstellung".

Befindest du dich womöglich noch in der Kampfarena? Bist noch hin- und hergerissen? Einmal siegt die spirituelle, dann wieder die materielle Seite? Bist du noch nicht ausgesöhnt mit beiden?

In Wahrheit ist es ein Schaukampf! Denn beide Seiten sind im Grunde nur eine, die sich als zwei gebärdet. Keine wirst du jemals loskriegen. Beide fordern ihren Tribut. Beide wollen das ihre und müssen es kriegen. Ansonsten bist du stets im Dilemma.

Also gibst du dem Tier was es braucht, um sich wohlzufühlen und gibst dem Geist, was er für sich einfordert. Und im Grunde genommen bedarf es dazu nicht einmal einer Entscheidung. Es sei denn du glaubst noch an den Entscheider. Dann hast du ein Problem. Ist aber geklärt, dass es nur Entscheidungen gibt, die deiner gar nicht bedürfen, gibt's keine Einmischung mehr. Ist das Animal dran, wird der Geist sich in seine heiligen Gemächer zurückziehen. Und hat der Geist seinen Auftritt auf der Bühne des Lebens, wird ihn das Animal nicht daran hindern. Das nennt man friedliche Koexistenz.

Gottt im Fleisch - die größtmögliche Erniedrigung Gotttes

Der Mensch sucht sich nur deshalb im Zeitlichen zu vergöttlichen, weil er sein wirkliches göttliches Wesen nicht erkennt. Der Mensch kommt als Sohn Gottes auf die Welt und nimmt als solcher völlig an der Natur des Höchsten Prinzips des Universums teil, er wird aber „amnesisch" geboren, hat seinen Ursprung vergessen und ist in trügerischer Weise davon überzeugt, nur dieser begrenzte und sterbliche Körper zu sein, den seine Sinne gewahren. Mangels der Erinnerung an seinen Ursprung leidet er unter dem illusorischen Gefühl des Verlassenseins von Gott, (obwohl er ja in Wirklichkeit Gott selbst ist), und im Verlaufe seines zeitlichen Daseins sucht er verzweifelt nach vergöttlichenden Bejahungen, die er im Zeitlichen natürlich nicht finden kann: all dies, ohne sich klar zu machen, dass er die absolute Wirklichkeit nicht suchen würde, wenn er nicht an ihr teilhätte. (Es ist nicht möglich, einer Sache zu entbehren, ohne irgendeine Kenntnis von ihr zu besitzen.)

Die Hohe Lehre, S 55

Deshalb Religion, deshalb spirituelle Pfade, deshalb Meditation, deshalb allerhand Verrenkungen, Übungen, Untersuchungen, Techniken, Mysterienschulen, Stille-Retreats und was der Dinge mehr sind. Allein wegen der Amnesie, also dem Erinnerungsverlust! Nur aus diesem Grund versucht mensch sich in vergöttlichenden Bejahungen zu bestätigen, die er im Zeitlichen natürlich nicht finden kann.

Der ganze Aufwand ist für die Katz! Denn im Zeitlichen wirst du, egal was du auch anstellst, keinen Beweis deiner Götttlichkeit finden. Im

Gegenteil: Im Fleisch wirst du den Beweis dafür finden, dass du ein Idiot bist. Gottt im Fleisch ist die größtmögliche Erniedrigung Gotttes! Unfassbar begrenzt....

Nehmen wir als ein Beispiel von vielen Liebeskummer! Schon erlebt, oder? Ich x-mal im Leben. Ach wie fürchterlich wir da doch leiden! Nichtwahr? Manch einer ist nah dran am Suizid, manche bringen sich sogar um! Und wenn nicht, dann bist du in jedem Fall am Boden zerstört! Vielleicht flehst du das Objekt deiner Leidenschaft sogar (auf Knien) an, dich nicht wegzuwerfen wie eine Bananenschale oder einen ausgelutschten Eisbecher. Wie ein Wurm windest du dich in deiner eigenen Scheiße!

Dabei bist du Gottt! Und damit nicht nur das Universum, sondern auch das, was es trägt! Du bist ewig, unzerstörbar, unsterblich. Du bist was war, was ist und was kommt. Du wurdest lediglich *„amnesisch"* *geboren*, hast es also nur vergessen. So total vergessen wie ein Milliardär, der bei einem Unfall sein Gedächtnis verliert und daher nicht mehr weiß, wie unfassbar reich er ist.

Und wenn du dich an deine Göttlichkeit erinnern könntest, bräuchtest du weder Religion noch Spiritualität. Keinen Pfad, keine Methode, kein stundenlanges Sitzen, bis deine Beine dermaßen schmerzen, dass du dich nur äußerst mühsam zu erheben vermagst.

Was machen die Worte in diesem Buch mir dir? Sie erinnern dich an das, was du bist! Wahrhaft bist. Immer warst, immer sein wirst. Oder, wenn deine Erinnerung bereits zurückgekehrt ist, reinigen sie dich vom Staub der Straße. Denn die Illusion deines sterblichen Menschseins wirkt doch sehr real. So über den Tag. Egal ob du Schönes oder

Hässliches erlebst. Das Schöne kann dich ebenso ablenken wie das Hässliche. Stimmt's?

Das temporäre Vergessen deiner Göttlichkeit ist jedoch kein Problem. Ich behaupte sogar: Es ist völlig normal! Schließlich erscheint Gottt im Menschengewand. Es wäre fatal, wenn du überall deine Göttlichkeit herauskehren würdest. Gibt's ja. Insbesondere Youngstern fällt es manches Mal schwer, sich in ihrer erkannten Göttlichkeit zu verbergen. Lauthals posaunen sie ihre Erkenntnisse raus und wundern sich dann, dass man über sie kichert und lästert. Denn man sieht niemandem realisierte Göttlichkeit an!

Halt besser deinen Mund und genieße deine Göttlichkeit im Stillen! Das erspart dir ne Menge Schwierigkeiten. Sei ganz und gar Mensch. Sei normal. Benimm dich wie ein guter Bürger. Jedoch selbst dann, wenn du dich wie ein schlechter verhieltest, wäre es vorteilhafter als deine Göttlichkeit heraus zu posaunen.

Gerade weil du dich deiner Göttlichkeit erinnerst, kannst du so tun, als seiest du ein Mensch. Nur diejenigen, die sich nicht erinnern können, die müssen *im Verlaufe ihres zeitlichen Daseins verzweifelt nach vergöttlichenden Bejahungen suchen, die sie im Zeitlichen natürlich nicht finden können.*

Schauen wir uns einige prominente Beispiele an: Erdogan, Putin, Kim Yong Un, Mr. Trump, Mutti Merkel! Sie alle leiden unter Amnesie und versuchen daher ihre Göttlichkeit im Zeitlichen zu bestätigen *(Es ist nicht möglich, einer Sache zu entbehren, ohne irgendeine Kenntnis von ihr zu besitzen)*, was natürlich nicht gelingen kann. Es wirkt im Gegenteil für alle, die es von außen beobachten, geradezu lächerlich, aufgesetzt, arrogant, überheblich und hat klar erkennbare infantile Züge.

Mutti Merkel kann sich bis heute nicht eingestehen, dass ihr „Welcome refugees" einer der größten, wenn nicht der größte Fehler ihrer Amtszeit war. Sie weiß, dass es falsch war, sonst würde sie nicht proklamieren, dass so etwas wie in 2015 nicht mehr vorkommen dürfe, aber zugeben kann sie es natürlich nicht. Man mag dafür jede Menge logische Gründe finden, der eigentliche, tiefste ist aber, dass es die Vorstellung ihrer Göttlichkeit zerstören würde, die sie im Zeitlichen für die Geschichtsbücher sucht.

Fehler eingestehen ist eine meiner leichtesten Übungen! Und der Grund liegt allein darin, dass ich um meine zeitlose Göttlichkeit weiß. Als Mensch bin ich fehlerhaft und manchmal auch ein Arschloch! Das ist nicht zu verhindern. Weder ich noch du können das.

Erinnern! Mehr ist nicht nötig. Und die Erinnerung kommt zu dir, nicht etwa du zu ihr. Im Grunde genommen ist „eine gewisse Kenntnis" in allen Menschen vorhanden. Sonst gäbs weder Religion noch spirituelle Pfade. Auch wenn sie nicht zielführend sind, sondern im Gegenteil Ablenkungen von unserer wahren Natur. Denn sie vermögen das Empfinden des Getrenntseins nicht aufzuheben, sondern verstärken es sogar.

Ein Pfad führt schließlich irgendwohin. Doch du kommst von nirgendwoher und gehst daher auch nirgendwohin. Nur dein zeitliches Erscheinen als menschliches Wesen beginnt mit der Geburt und endet mit dem Tod. Das ist der Preis der Erscheinung. Und er ist hoch. Denn um zu erscheinen, muss Gottt sich vergessen. Vollständig vergessen. Nur so ist es möglich, dass Subjekt als Objekt erscheint.

Revision

Wir sind nie zufrieden: Nicht einmal mit uns selbst sind wir zufrieden, und deshalb versuchen wir unser Bestes, um ein anderer zu werden. Aber das ist genau der Punkt, an dem die Illusion anfängt. Du bist kein anderer als der, der in diesem Moment unzufrieden mit sich selbst sein Leben lebt. Keiner könnte das an deiner Stelle für dich sein. Und alles, was du in diesem Moment denkst und willst und tust, bist du selbst, unersetzbar so wie du bist – das heißt, es gibt kein "wahres Selbst" außer diesem "unzufriedenen Selbst" hier und jetzt.

Kodo Sawaki

Unmittelbare Wahrnehmung

Sollte jemand nach der Lektüre hier den Versuch anstellen, jene nicht-formale Wahrnehmung seiner Existenz bei sich zu machen, so möge er nicht voreilig urteilen: man glaubt so leicht, dass man so weit sei, ohne so weit zu sein. So viele Arten des Irrtums es auch hierbei geben mag, der Irrtum selbst besteht grundsätzlich in irgendeiner Art von Komplikation, die mit den mentalen Formen zusammenhängt. Man ist nicht einfach genug. Die nicht-formale unmittelbare Wahrnehmung der Existenz ist die einfachste Wahrnehmung, die man sich nur vorstellen kann. Sie kann inmitten der intensivsten äußeren Tätigkeit in vollkommener und richtiger Weise stattfinden, ohne diese äußere Tätigkeit im mindesten zu stören. Ich brauche mich nicht von dem wegzuwenden, womit ich gerade beschäftigt bin, sondern ich fühle meine Existenz direkt vom Zentrum der formalen Welt meines Tuns heraus, sowie durch die Aufmerksamkeit, welche ich diesem Tun zuwende.

Wir haben schon früher festgestellt, dass der Durchschnittsmensch sich dagegen wehrt, eine Verminderung seiner Gefühlserregungen ins Auge zu fassen, er gleicht einer Raupe, die erst dann zum Schmetterling wird, wenn sie das Stadium der Raupe durchgemacht hat. Die Raupe bewegt sich nur auf dem Boden, sie kann nicht fliegen noch kann sie sich der Dimension der "Höhe" erfreuen. Aber wenigstens kann sie sich bewegen. Verglichen mit dieser Bewegung erscheint ihr der unbewegliche Zustand der Puppe entsetzlich. Trotzdem würde ihr der zeitweise Verzicht auf eine unvollkommene Bewegung eine bessere und vollkommenere Bewegung vermitteln. Die Gefühlsbewegungen gleichen den Bewegungen der Raupe. Fühlen ist nicht dasselbe wie "Fliegen", aber es gleicht ihm und mit Hilfe von etwas Phantasie nimmt man das eine für das andere. Der Mensch legt so großen Wert auf die glanzvollen Funken seiner inneren Kurzschlüsse, und er muss erst lange und gründlich nachdenken, um zu verstehen, dass dies bloße Feuerwerk ihn zu nichts führt. Solange man noch irgendeinen Wert an der Sache sieht, auf die man verzichtet, kann von wirklichem Verzicht nicht die Rede sein.

Die Hohe Lehre, S 67

Mein erster Guru, dem ich trotz diverser Irrtümer in seiner Lehre sehr dankbar bin, weil er genau den Irrtum, auf den Benoit hier verweist, klärte, obgleich er ihn anders erklärte. Es mag jedoch in diesem Kontext hilfreich sein, seine Begrifflichkeit zu verwenden, um den Unterschied allgemein verständlich zu formulieren.

Turn to your Spirit, also *Wende dich zu deinem Geist* war eine seiner häufigsten Anweisungen. Der Spirit war in seinem Vokabular das, was Benoit die *nicht-formale unmittelbare Wahrnehmung der Existenz* nennt. Die formale oder mentale Wahrnehmung bezeichnete er als Seele, die in seinem Verständnis aus Verstand, Gefühl und Wille bestand.

Der Normalo lebt vollständig in der mental/emotionalen Welt. Daher versucht er natürlich den Frieden, von dem die „so-called-Erleuchteten" sprechen, genau dort zu finden. Aus diesem Grund gelingt ihm das am besten in der Zeit der Meditation, denn in diesem Zustand werden die Aktivitäten der „Seele" sozusagen heruntergefahren, ähnlich wie die Aktivitäten eines Computers. Ist die

Meditationszeit aber vorbei, wird die „Seele" wieder hochgefahren und die gefühlte Ruhe geht flöten.

Die formale Welt ist wieder in voller Action und der Spirit (oder das nicht-formale Existenzempfinden) geht „gefühlt" in ihr unter. Das ist der Grund dafür, dass du nur einige Stunden später wieder auf deinem Mediationskissen sitzt, um diese Ruhe „spüren" zu können.

„Gespürte" Ruhe ist jedoch eine temporäre „seelische" Ruhe, nicht der beständige Friede des Spirits. Denn der Spirit bedarf keines Ausruhens. Der Spirit bzw. das nicht formale Existenzempfinden ist nicht auf Meditation angewiesen und somit das einzige Stabile. Und zwar „während" bzw. „inmitten" all der Aktivitäten des KörperGeistOrganismus. Ob ich meditiere oder den Rasen mähe, ist in meiner Wahrnehmung bezüglich des „Spirits" identisch.

Die nicht-formale unmittelbare Wahrnehmung der Existenz ist die einfachste Wahrnehmung, die man sich nur vorstellen kann, Sie kann inmitten der intensivsten äußeren Tätigkeit in vollkommener und richtiger Weise stattfinden, ohne diese äußere Tätigkeit im mindesten zu stören.

Die „Seele" dagegen ist kompliziert! Daher: Wer dir komplizierte Empfehlungen oder Anweisungen gibt, womöglich gar 7 Schritte zum Erwachen, ist, egal wie eloquent er seine Lehre mitzuteilen vermag, ein Lehrer phänomenaler, nicht noumenaler Erleuchtung. Was immer du aufgrund seiner Lehre auch „innerlich" erleben magst, es ist in jedem Fall Seele, nicht Spirit. Es handelt sich um mental/emotionale Erfahrungen, die sich im Alltag nicht halten werden und auch nicht halten können.

Das ist aber nicht nur bei Lehrern phänomenaler Erleuchtung so, ebenso könnte es dir auch bei mir gehen. Denn dein Wahrnehmungsfilter lässt womöglich das einfache nicht-formale Existenzempfinden, auf das ich verweise, nicht zu! Und zwar weil du meinst es „spüren" zu müssen. Doch das, was du spüren kannst, ist immer „Seele", niemals „Spirit".

Aus diesem Grund vermeide ich Worte wie Stille. An sich ein schönes Wort. Aber mit einer Vorstellung behaftet, die mit der Stille, auf die ich verweise, nicht das Geringste zu tun hat. Die Stille, auf die ich verweise, ist nämlich mitnichten Geräuschlosigkeit oder gar ein Gefühl, sondern das, was mein erster Guru Spirit nannte und Benoit nicht-formales Existenzempfinden. Es liegt tiefer als der Mind. Und ist dir doch näher als jeder Gedanke und jedes Gefühl. Es ist dir näher als alles Wahrnehmbare. Weil es das ist, was wahrnimmt. Und daher nicht fassbar. Nicht greifbar. Es verleiht dir (als Raupe) daher keine Flügel. Obgleich es sich (temporär) so anfühlen mag.

Der springende Punkt

Dieser zentrale Kreuzungspunkt meines „Wesens" ist, wie wir schon sagten, unbewusst. Aus dem uranfänglich Unbewussten leitet sich mein Bewußtsein ab. Das Unbewusste darf nicht als einfache bloße Abwesenheit des Bewusstseins betrachtet werden, sondern vielmehr als das „Absolute Denken", welches jenseits aller bewussten Erscheinung liegt und aus dem das Bewusstsein entspringt.

Es ist das „Nicht-Mentale" Prinzip im Zen, aus dem all unsere mentalen und physischen Erscheinungen hervorgehen. Hier finden wir wieder die schöpferische Dreieinheitlichkeit vor: Über dem „Psychischen" (der positiven Kraft) und über dem „Physischen" (der negativen Kraft), liegt ein höherer, versöhnender Pol, den wir ob des offensichtlichen Primates der unteren positiven Kraft über die untere negative Kraft, „absoluten psychischen Pol" nennen wollen (nicht etwa „Absolute Materie"), oder wie es im Zen heißt „das Nicht-Mentale" (und nicht etwa das „Nicht-Körperliche").

Im Hinblick auf diese wesentlichen Grundbegriffe müssen wir uns danach fragen, welcher Unterschied zwischen dem „gewöhnlichen" und dem „verwirklichten" Menschen besteht. Beide Menschen existieren dank des zentralen Kreuzungspunktes, des Sitzes ihres schöpferischen Prinzips. Im Grunde herrscht also kein Unterschied zwischen diesen beiden Arten von Menschen, und dies wird auch in der Lehre des Zen bestätigt. Das Zen betont, dass diese beiden Menschen dieselben strukturmäßigen Voraussetzungen besitzen und daher dem gewöhnlichen Menschen nichts fehle. Auch hat der „verwirklichte"

Mensch nichts erworben, was dem gewöhnlichen Menschen etwa fehlte. Aber obwohl diese beiden Menschen identisch sind, unterscheiden sich ihre Lebensäußerungen. Warum? Soll das heißen, dass der unbewusste zentrale Kreuzungspunkt heim Eintritt des Satori bewusstgeworden wäre? Eine solche Annahme entbehrte jeglichen Sinnes denn das Prinzip des Bewusstseins ist notwendigerweise immer oberhalb und außerhalb des Bewusstseins, daher unbewusst. Nein, die richtige Antwort lautet anders: Beim gewöhnlichen Menschen geht alles so vor sich, als ob der zentrale Kreuzungspunkt eingeschlafen und passiv sei, und beim „verwirklichten" Menschen verhält es sich so, als ob sein Zentrum erweckt und aktiv sei.

Die Hohe Lehre, S 69-70

Da haben wirs! Das ist der „einzige" Unterschied. Wirklich der einzige. In der Auswirkung jedoch das, was man revolutionär nennt! Nicht, was die Grundbeschaffenheit oder die hauptsächlichen Merkmale des Charakters betrifft. Die ändern sich überhaupt nicht. Was sich ändert, ist die Wahrnehmung dessen wer oder besser noch was (uns) lebt.

Zuvor war dir nicht bewusst, dass du gelebt wirst. In deiner Vorstellung warst du der Denker deiner Gedanken, der Entscheider deiner Entscheidungen, der Täter deiner Taten.

Das ist nun Geschichte...

Denn der „zentrale Kreuzungspunkt", wie Benoit das nennt, was mein erster Guru als „Spirit", Laotse als „Tao", Advaita als „Brahman" und der Apostel Paulus als „Christus" bezeichnet, weil er sich zwar als lebend (besser „existierend") jedoch nicht mehr als agierend wahrnahm[8], das ist „wach und aktiv".

Dein Marionettendasein als Human Animal wurde bewusst und damit gleichzeitig das, was die Marionette lebt. Und das bist du nicht. Das bist du ganz und gar nicht.

Dem was dich und mich lebt, wurden und werden viele Namen gegeben. In jedem Kulturkreis ein anderer. Und mit den jeweiligen Namen verbinden sich die verschiedensten Lehren. Denn die Vorstellungswelt der Menschen, in denen der „zentrale Kreuzungspunkt" mehr oder weniger kraftvoll bewusst wurde, wurde in den meisten Fällen nicht gekappt, sondern leider zu einer Religion oder einem spirituellen Pfad. Ob ich „leider" schreiben soll, weiß ich im Nachhinein gar nicht, denn was wäre die Menschheit ohne Religion und Spiritualität? Auf der einen Seite sicher weitaus besser dran, auf der anderen hätte sie bezüglich ihrer wahren Quelle nicht einmal einen spirituellen Strohhalm, an dem sie sich festhalten kann.

Meine Funktion besteht offenbar darin, dich hinsichtlich all dieser verschiedenen Namen zu desillusionieren! Sie spielen nämlich hinsichtlich des Prinzips nicht die geringste Rolle. Und das Prinzip kann folgendermaßen formuliert werden:

> Nicht ich lebe, sondern das, was mich bewegt,
> aktiv oder passiv sein lässt.

---

[8] Ich lebe aber; doch nun nicht ich, sondern Christus lebt in mir. Gal. 2:20 a

Der Normalo wird darüber in völliger Unkenntnis gelassen. Obgleich auch er durch dieses Prinzip lebt! Er „glaubt" nur in eigener Regie zu denken, zu entscheiden, zu handeln. Und dementsprechend sieht sein Leben auch aus: Ist er fähig und erfolgreich, rühmt er sich seiner Taten. Ist er eher unfähig und wenig erfolgreich, schämt er sich ihrer und sogar seiner selbst. Erstere verfügen nicht immer, aber oftmals über ein übersteigertes Selbstbewusstsein, letztere leiden zumeist an einem Minderwertigkeitskomplex.

Wird das, was dich und mich lebt, aber bewusst, fallen beide Bewertungen von uns ab wie herbstliches Laub von den Bäumen. Man könnte das als Veränderung wahrnehmen. In Wahrheit jedoch ist es einfach der „Abfall" (und damit der „Müll") dessen, was unser wahres Wesen bis dahin verdeckt (und verdreckt) hat.

Es gibt de facto zwei Arten zu leben und eigentlich „nur" diese zwei: 1. heraus aus dem Mind und 2. heraus aus dem Prinzip, das uns (zuvor schon, jedoch ohne dass es uns bewusst ist) lebt. Es ist diese determinierte Unbewusstheit, die uns glauben macht: ich lebe, ich agiere, ich verweigere mich, ich kann das, ich kann das nicht, ich bin mutig, ich bin ein Feigling, ich durchbreche alle Schranken, ich weiche jedem Hindernis aus, etc.

Solche Gedanken sind nix als Pille-Palle! Obgleich du nicht einmal diesen Quatsch denkst. Stets wirst du gedacht. Stets wirst du gelebt. Wird jedoch bewusst, dass du gelebt wirst, wirst du auch in der Wahrnehmung das Instrument, welches du so oder so, also in jedem Fall, bist!

*...beim gewöhnlichen Menschen geht alles so vor sich, **als ob** der zentrale Kreuzungspunkt eingeschlafen und passiv sei, und beim „verwirklichten" Menschen verhält es sich so, **als ob** sein Zentrum erweckt und aktiv sei.*

Grandios und perfekt formuliert! Und zwar insbesondere wegen den beiden kleinen Worten: als ob! Das Prinzip ist in jedem Fall das, was uns alle lebt. Sowohl den „gewöhnlichen" als auch den „verwirklichten" Menschen! Denn ein Prinzip ist ein Prinzip ist ein Prinzip ist ein Prinzip.... Es kann keine Abweichung, keine Ausnahme geben. Wie bei der Schwerkraft: Immer fallen die Dinge, die fallen, nach unten, niemals nach oben. Vollkommen unabhängig um was es sich handelt und wer sie fallen lässt.

Dieses Prinzip kann uns bewusst oder unbewusst sein. Ist es bewusst, wird der Eindruck in eigener Regie zu leben, als Ergebnis determinierter Unwissenheit betrachtet. Bleibt es unbewusst, erfährt der Satz: „Ich lebe..." nicht folgende Vervollständigung: „...doch nun nicht ich, sondern das, was mich lebt"!

Wird der Satz aber vervollständigt, kannst du noch nicht einmal von dir behaupten: Ich habe gerade in der Nase gebohrt! Keinen einzigen Gedanken, keine einzige Tat kannst du fortan dir selber zurechnen. Vollkommen gleichgültig, ob sie gut oder schlecht, gerecht oder ungerecht, nützlich oder unnütz erscheint! In deiner Wahrnehmung kann es einfach keinen Zweifel mehr geben: Was „ich" denke, entscheide, tue; das denke und entscheide und tue nicht ich, sondern das, was mich bewegt oder unbewegt sein lässt.

Der ursprüngliche Mensch

Im Zentrum meines Inneren... wohnt der ursprüngliche Mensch, der mit dem Prinzip des Universums und durch dieses dem All des Universums verbunden ist. Dieser ursprüngliche Mensch genügt völlig sich selbst, er ist das prinzipiell Eine, weder allein noch nicht-allein, weder bejaht noch verneint, er steht außerhalb jedes Dualismus.

Die Hohe Lehre, S 78

Interessant und auch bezeichnend, dass Benoit das Zentrum nicht Gottt, sondern den „ursprünglichen Mensch" nennt. Es sei denn, Gottt und ursprünglicher Mensch wären ein und dasselbe. Und das ist zweifelsohne der Fall.

Gottt in Menschengestalt. Das ist meine Definition.

Ohne Menschengestalt ist Gottt nicht realisierbar. Ein Delphin ist superintelligent und empathisch und Gottt kommt freilich durch das Säugetier perfekt zum Ausdruck, es ist jedoch der Menschengestalt vorbehalten, Gottt als „das prinzipiell Eine oder als Quelle" zu realisieren.

Und geschieht das, kommt der ursprüngliche Mensch erst zum Vorschein. Man könnte ebenso sagen: Der *natürliche* Zustand, welcher mitnichten ein „heiliger" ist. Heiligkeit ist eine Variante unnatürlichen Menschseins. Es ist der zum Scheitern verdammte Versuch, Gottt rein geistig zum Ausdruck zu bringen. Der Mensch ist jedoch nicht „reiner Geist", sondern eine Kombination aus Geist und Körper. Was wir „Mensch" nennen, ist ein KörperGeistOrganismus.

Und nun weißt du auch, warum du allein bist. Immer allein. Ob zu zweit, zu dritt oder in einer Gruppe. Selbst in der Masse bleibst du allein. Und zwar deshalb, weil es nur den einen „ursprünglichen Mensch" gibt, der das prinzipiell Eine ist. Das Eine in allen und allem.

Hörst du die Fanfare? Mit Fanfaren werden Ereignisse signalisiert. Und gibt's denn ein Ereignis, das einschneidender wäre als das, klar zu sehen, dass das, was ich bin, wirklich bin, immer allein ist?

Alleinsein und einsam sein sind allerdings zwei Paar Stiefel. Einsam fühlt sich nur der Mensch, der das prinzipielle Alleinsein als Alptraum erfährt. Denn das prinzipielle Alleinsein ist synonym mit dem Nicht-Ich, der Leere. Der Mensch, welcher sich im Clinch mit dem Nicht-Ich befindet, braucht die Gesellschaft, um sich von dem, was er prinzipiell ist, abzulenken. Er vermag den Gedanken nicht zu ertragen, dass es außer ihm nichts und niemanden gibt. Wie sollte er auch anders reagieren? Nur der ursprüngliche Mensch genügt völlig sich selbst.

Daher besteht die einzige Möglichkeit, dem prinzipiellen Alleinsein furchtlos ins Auge zu blicken darin, die Menschen als illusionäre Figuren innerhalb der Formwelt zu durchschauen, die in mir als dem All-Einen erscheinen.

Oljojoi! Das klingt ziemlich abgefahren, oder? Aber nur so ist mein prinzipielles Alleinsein zu verstehen. Wenn ich den Versuch unternehme, mich als Mensch in meinem Alleinsein zu akzeptieren, muss ich scheitern. Denn der Mensch ist auf Interaktion und Kommunikation angewiesen. Ohne dieselbe würde er verkümmern.

Nur sucht eben der Mensch, mit dem das prinzipielle Alleinsein realisiert wurde, nicht mehr sein Heil bzw. sein Glück in der Beziehung mit anderen Menschen. Er ist sich im Klaren darüber, dass Beziehungen sowohl Freude als auch Schmerz mit sich bringen und immer nur relativ zufriedenstellen.

Ich war nie ein Single. Seit ich existiere, habe ich immer mit mindestens einer Person, meistens sogar mit mehr als nur einer zusammengelebt. Zwar bin ich zum dritten Mal verheiratet, allein war ich aber nie. So bin ich als Mensch nun mal gestrickt.

Allein war ich indessen immer. Nur war mir dies über Jahrzehnte nicht wirklich bewusst. Und wahrhaben wollte ich es auf keinen Fall. Ich strebte nach wahrer Freundschaft, fand sie aber nie. Immer nahm ich eine schier unüberwindbare Distanz wahr, selbst bei und mit „guten Freunden".

Manche Menschen haben das, was man gute Freunde nennt. Manchmal lebenslang. Wenn du nicht zu ihnen gehören solltest, ist das nicht nur eine Misere, sondern auch eine Chance, dein ursprüngliches und prinzipielles Alleinsein zu entdecken.

Im Zentrum meines Inneren… wohnt der ursprüngliche Mensch, der mit dem Prinzip des Universums und durch dieses dem All des Universums verbunden ist.

Poetisch zum Ausdruck gebracht. Denn es bedeutet schlicht, dass ich das bin, was wahrnimmt. Menschlich freilich, weil das, was sich in deinem und meinem Fall des Instruments Mensch bedient, wahrnimmt! Und obgleich es die verschiedensten Perspektiven gibt, mit denen das, was wahrnimmt, wahrnehmen kann, ist das, was wahrnimmt nur eines und somit vollkommen… allein.

Manchmal antworte ich auf die Frage, was der Sinn der Manifestation sei: Das Nichts (oder Gottt) wollte der Langeweile des Alleinseins entfliehen. Das ist natürlich spirituell inkorrekt. Allein schon deshalb, weil das, was nicht ist, keine Empfindung besitzt. Und Langeweile ist eine Empfindung. Und auch deshalb, weil Gottt gar nichts will. Sondern IST.

Gänzlich falsch ist die Antwort jedoch nicht. Denn sie verweist zumindest auf die Wechselbeziehung von Nichts und Sein. Und würde man sagen: Sein ist ein Ausnahmezustand des Nichts, weil es offenbar (und absurderweise) so tun kann, als wäre es Sein, wäre die Aussage zwar wiederum spirituell inkorrekt, dafür jedoch ziemlich nah dran an der Wahrheit. ☺

Ruhe in Frieden

Aber seine (des Menschen) tief verwurzelte Vorliebe für die Bewegtheit beruht auf einem Irrtum und ist der Grund all seines Unglücks. Weil er unaufhörlich das Leben in sich vibrieren fühlen will und sich in dem ichbezogenen Zustand, in dem er sich noch befindet, als Einzelwesen bestätigt sehen will, bleibt er im Elend und in den trostlosen Widersprüchen seines Dualismus befangen. Nur wirkliches Begreifen kann den Menschen von dieser sinnlosen Vorliebe befreien. Die Erkenntnis kann ihm offenbaren, dass die innere Unbewegtheit, die er so fürchtet, nicht nur nicht zu fürchten ist, sondern das Heil bringt.

Die Hohe Lehre, S 86

Tja, hier und zwar genau hier liegt der Hase im Pfeffer! Heißt: hier ist die entscheidende Ursache allen Unglücklichseins. Weder in deiner sexuell nicht mehr so aufregenden Partnerschaft noch in deinem eintönigen Job! Auch nicht in dem Verlust jener wundervollen Empfindung scheinbar unverursachter Liebe während des Meetings mit (d)einem Guru. Innere Vibration und äußere Bestätigung – diese Erwartungen werden enttäuscht und wenn du darauf stehst, kannst du nur unglücklich sein.

Denk nicht, du könntest deinen KörperGeistOrganismus jemals von diesen beiden Erwartungen befreien. Sie bleiben ihm lebenslang erhalten und zwar selbst dann, wenn Desillusionierung stattgefunden hat. Er kommt da nicht raus. Wenn aber keiner mehr da ist, der sich in diese Erwartungen reinhängen kann, laufen sie (im wahrsten Sinne des Wortes) ins Leere.

Sie können sich „melden", das ist nicht zu vermeiden. Ob die eine stärker ist als die andere, kommt auf deine Grundstruktur an. Bist du eher auf innere Vibration oder eher auf äußere Bestätigung aus? Oder auf beides gleichermaßen?

Wenn Benoit sagt, dass nur *wirkliches Begreifen* den Menschen von diesen sinnlosen Vorlieben befreien können, meint er nicht, dass sie nicht mehr erscheinen. Sie können ihn nur nicht mehr ins Unglück stürzen. Denn sie werden erkannt und in die Wüste geschickt.

Das ist aber nur möglich, wenn die innere Unbewegtheit geschätzt werden kann. Wenn sie den Wunsch nach innerer Vibration und äußerer Anerkennung abgelöst hat. Nicht in dem Sinne, als könnten diese Begehrlichkeiten nicht mehr erscheinen! Wir sind schließlich emotionale und soziale Wesen. Als solche sind wir auf Vibration und Anerkennung angewiesen. Was machen wir aber, wenn das eine oder das andere oder gar beides unterbleibt?

Wir leiden!

Ist die innere Unbewegtheit entdeckt und wird sie geschätzt, ist sie das Eigentliche in unserem Dasein; wird sie nicht mehr gefürchtet, ist sie ist im Gegenteil unser Heil, unsere Rettung.

In ihr bist du zwar allein, sogar vollständig allein, es juckt dich aber nicht! Nichts juckt (dich) dort. Wie sollte Unbewegtheit irgendwas jucken können? Versteh das nicht falsch, als ob du das, was dich bewegt, außen vorlassen „müsstest"! Oh Nein, es mag dich sogar noch bewegen! Doch in die innere Unbewegtheit kommt einfach nichts rein. Sie hat nämlich noch nicht einmal Tore, die man öffnen oder verschließen könnte.

Das ist wahre Stille. Außenrum mag es lärmen. Außenrum mag es stürmen. Im Zentrum deines Wesens jedoch ist es absolut lärmlos und windstill.

Wer hätte das gedacht, dass der, dass die mich jetzt schneidet. Dass die oder der so übel über mich denkt oder redet. Wir haben uns doch so gut verstanden...

Klar doch, weil ihr zusammen vibriert habt! In der Vibration wart ihr Beiden eins, doch nun ist sie aus welchem Grund auch immer unterbrochen. Nun ist sie nicht mehr das, was euch einen konnte. Das ist freilich keine erhebende Erfahrung. Das fühlt sich im Gegenteil wie ein herber Verlust an. Die Vibration ist ebenso futsch wie der Mensch, mit dem zusammen du vibriert hast.

Wenn du in solchen Situationen keinen Rückzugsort hast, in welchen sich keine Bewegung zu verirren vermag, tja, lass es mich volkstümlich sagen, dann bist du wirklich im Arsch!

Wie solltest du deine innere Unbewegtheit jedoch schätzen können, wenn du dich (noch) vor ihr fürchtest? Wenn du mich (Werner) überall hinbegleiten würdest, nur dahin eben nicht?! Ich versteh dich. Ich versteh dich besser, als du womöglich glaubst. Denn auch ich fürchtete mich vor meiner inneren Unbewegtheit, denn sie erscheint zunächst wie ein Friedhof, in dem dein eigenes Grab bereits geschaufelt wurde und der Grabstein dein Namensschild trägt!

Die innere Unbewegtheit erscheint dem konditionierten Mind als Tod. Und für ihn ist er das auch. Doch vergiss bitte nicht, was in deinen Grabstein gemeißelt ist: RUHE IN FRIEDEN. Und das schon vor deinem körperlichen Tod. Heißa Juchee. Oder ist dir dabei nicht zum Jubeln?

Ich hab so nen Spruch, wenn mich Menschen besuchen, die einen Anerkennungsverlust beklagen: *Keiner ist dabei wenn du stirbst!* Den Weg musst du allein gehen. Ganz allein. Selbst wenn ein geliebter Mensch an deinem Totenbett sitzt und dir die Hand hält. Was bedeutet denn in der Stunde des Todes, was „die Leute über dich denken"? Nicht die Bohne! Es ist völlig, völlig irrelevant.

Die innere Unbewegtheit ist ein Tod, den du bei Lebzeiten stirbst. Sie ist jedoch deine Rettung. Denn ebenso wie dich auf dem Friedhof liegend nicht mehr bekümmert, was die Leute über dich denken, kümmert dich auch nicht mehr ihre Meinung, wenn dein „inneres Grab" entdeckt ist!

Auch die innere Vibration ist auf dem Friedhof nicht mehr von Bedeutung! Und das ist ebenso in der inneren Unbewegtheit. Zwar nimmst du Vibrationen in einem lebendigen Organismus noch wahr, doch sie haben ihre vorherige Bedeutung verloren. Ist Vibration da, ist sie eben da. Ist sie nicht da, trauerst du ihr nicht nach.

Die innere Unbewegtheit musst du weder suchen noch finden! Sie ist dein Wesenskern – sozusagen! Jetzt. Sie verschwindet auch nie. Ohne sie gibt's weder Leben noch Tod. Ohne sie würde nichts erscheinen. Doch nur deshalb, weil sie gänzlich leer ist.

Das sogenannte dritte Auge

Der Begriff „Zuschauer des Schauspiels" ist häufig missverstanden worden. Viele glauben, dass das Schauspiel, von dem hier die Rede ist, unseren inneren formalen Erscheinungsvorgängen entspreche, was bedeuten würde, dass dieses Schauspiel der Vorstellungsablauf unserer Ideen und Gefühle wäre. Das ist ein schwerer Irrtum, der uns zur üblichen Selbstbeobachtung führt: und uns mehr und mehr zum Sklaven unserer Vorstellungswelt macht. Wenn das Problem auf dieser niederen Stufe in Angriff genommen wird, so ist es unlösbar. Wir können nicht aktiver Zuschauer in unserem Vorstellungsablauf sein, denn wir sehen ihn nur, wenn wir nicht aktiv zuschauen. Jeder aktive Blick bringt den Vorstellungsablauf zum Stillstand. Das Schauspiel, dessen Zuschauer wir werden sollen, spielt sich auf einer Ebene ab, die höher liegt als der Vorstellungsablauf. Es liegt auf der Ebene unserer ersten Bewegung, jener nicht-formalen, aus der Tiefe unseres Bewusstseins kommenden Bewegung, aus der sich dann weiterhin all unsere formalen inneren Bewegungen ableiten.

Die Hohe Leere, S 95

Vom dritten Auge hat jeder spirituell Interessierte zumindest schon einmal gehört. Und sicher auch davon, dass es geschlossen bleiben und sich ebenso auch öffnen kann. Krank ist es nicht, man muss es nicht heilen. Wir sind nur nicht daran gewöhnt, mit dem dritten Auge zu schauen.

Ich vergleiche diese Art zu schauen gern mit dem sogenannten magischen Auge, obgleich es nur eine Metapher sein kann. Wenn du eine Zeitlang mit entspannt-fokussiertem Blick auf solch ein „magisches" Bild schaust, wandelt es sich. Und du wirst inmitten einer scheinbar zweidimensionalen Struktur ein Objekt im 3D-Format erblicken[9].

Es gibt jedoch Menschen, denen dies nicht gelingt. Sie sehen nicht dreidimensional, egal wie lange sie auf das Bild blicken. Sie sind offenbar zu sehr darauf aus, es zu sehen. Sie konzentrieren ihr Auge, anstatt es entspannt darauf ruhen zu lassen. Kommt es jedoch zur Entspannung, springt einem das 3D-Format geradezu an und man blickt fasziniert auf die 3D-Welt, die sich in der zweidimensionalen verbirgt.

Um das zu sehen, muss dein Auge unbeweglich auf dem Bild ruhen. Und du darfst es nicht anstrengen. Ich sehe es zunächst an, schließe dann meine Augen, öffne sie langsam und lasse dann meinen Blick unbeweglich auf ihm ruhen. Es scheint zunächst zu verschwimmen, doch plötzlich springt einen die Dreidimensionalität im wahrsten Sinne des Wortes ins Auge.

Die Welt als Theateraufführung zu sehen, als Schauspiel, ist kein mentaler Akt. Er hat nichts mit „Selbstbeobachtung" zu tun. Zwar kann man gedanklich sozusagen „hinter sich treten", sich sozusagen über die Schulter blicken, sobald man dies jedoch nicht mehr „aktiv" tut – und wer wollte das über den ganzen Tag lang tun können – ist man wieder voll und ganz involviert ins jeweils aktuelle Geschehen.

Das sogenannte dritte Auge „vermag" die Welt nicht nur als Schauspiel zu sehen, es „kann" gar nicht daran vorbeisehen. Und dabei

---

[9] Solche Bilder findest du, wenn du in Google „Bilder zum magischen Auge" eingibst.

spielt es nicht die geringste Rolle, ob man aktiv oder passiv ist. Es bedarf also keiner Konzentration, nicht einmal des bewussten Erinnerns.

Ist das sogenannte dritte Auge einmal geöffnet, schließt es sich nicht mehr. Das bedeutet: Selbst, wenn du gänzlich ins Alltagsgeschehen involviert bist und daher nicht im Geringsten daran zu denken vermagst, dass du eine gespielte Figur bist, umgeben von anderen gespielten Figuren, die alle nur tun, was sie aufgrund des Drehbuchs tun müssen; wird das auf einer anderen, wegen mir auch „höheren" Ebene erkannt. Freilich nicht „aktiv"! Müsstest du es aktiv sehen, würdest du zu einem Sklaven deiner Vorstellungwelt. Ständig müsstest du dir bewusstmachen, dass du ja nur der Zuschauer bist.

Ich kenne diese „Übung" aus meiner spirituellen Vergangenheit und weiß, wie anstrengend sie ist. Und letztlich frustrierend. Denn niemand vermag sie durchzuhalten. Darüber hinaus ist sie vollkommen nutzlos, weil das sogenannte dritte Auge schon sieht, was der sich in mentaler Akrobatik Übende ohnehin niemals zu schaffen vermag.

Ohne das magische Auge bleibt das magische Bild zweidimensional. Du kannst zwar vom Hörensagen darüber berichten, dass ein dreidimensionales Objekt in ihm verborgen ist, du magst sogar daran glauben, sehen aber kannst du es nicht.

Ebenso steht's mit dem sogenannten dritten Auge. Ist es geöffnet, kann dir die Welt nur noch als illusionäres Gebilde erscheinen. Du kriegst diese Sicht nicht mehr weg. Egal wie du dich verhältst, egal was du tust oder nicht tust, egal ob du dich daran erinnerst oder es vollkommen vergisst, weil du gerade Trauer erlebst, Schmerz, Kummer, überschäumende Freude, Euphorie oder einen Orgasmus. Denn dieses

Sehen findet nicht auf der Ebene statt, auf der menschliches Leben erfahren wird.

Wir können nicht aktiver Zuschauer in unserem Vorstellungsablauf sein, denn wir sehen ihn nur, wenn wir nicht aktiv zuschauen. Jeder aktive Blick bringt den Vorstellungsablauf zum Stillstand. Das Schauspiel, dessen Zuschauer wir werden sollen, spielt sich auf einer Ebene ab, die höher liegt als der Vorstellungsablauf.

Wenn du also bemüht bist, aktiver Zuschauer zu sein, macht dies nur eines mit dir: Es bringt dich schwer in die Bredouille! Du funktionierst nicht mehr richtig. Wie auch? Ständig versuchst du dir selbst zuzuschauen. Das spaltet den Mind und bindet so viel Energie, dass deine Alltagstätigkeit darunter leiden wird. Nicht umsonst sind eine Reihe solcher spirituellen Gehirnakrobaten auf Hartz IV. Sie können nicht mal mehr, mehr oder weniger einfache Arbeiten ausführen.

Das was wahrnimmt, hat mit dir als Figur nur insofern zu tun, als du sein Instrument bist. Mit dir und durch dich nimmt es wahr, was wir Welt zu nennen gewohnt sind, also das Schauspiel oder das Märchen, das sich gemäß Drehbuch abspielt. Das, was wahrnimmt, ist die „höhere Ebene", von der Benoit schreibt. Daher kann auch nur das, was wahrnimmt, wahrnehmen, dass es sich um ein Schauspiel handelt. Wie sollte eine ihrer Figuren sich als Figur sehen können?

Das ist mit dem sogenannten Öffnen des dritten Auges gemeint: Das was wahrnimmt, findet sich selbst als das, was wahrnimmt. Und sieht, dass alles Wahrgenommene nichts anderes ist und sein kann als das, was (es) sieht! Wie sollte denn auch ohne Auge der Himmel erscheinen?

Kein aktives Sehen

Das einzig Wesentliche ist, eine kontinuierliche Sicht seines eigenen Bewegungsablaufes zu gewinnen, unabhängig davon, ob man glücklich oder unglücklich, voller Schrecken oder vertrauensvoll gestimmt ist, etc. Jenseits aller gefühlsmäßigen Neigungen, die natürlich bestehen bleiben, muss es einen festen Standpunkt unparteilichen geistigen Verständnisses geben.

Die Hohe Lehre, S 97

Erinnere dich an die Worte des Eingangszitats im letzten Kapitel: *Wir können nicht aktiver Zuschauer in unserem Vorstellungsablauf sein, denn wir sehen ihn nur, wenn wir nicht aktiv zuschauen!*

Kein aktives Sehen! Also kein mental konstruiertes.

Wie das möglich sein soll? Nun, indem das sieht, was einzig sieht: Das-was-wahrnimmt! Und zwar jetzt schon. Nicht erst irgendwann. Und das ist gleichzeitig das, was den festen Standpunkt darstellt oder wie ich es bezeichne: die innere Stabilität!

Manche Leser berichten mir häufig von ihren emotionalen Zuständen, beispielsweise so: *Ich kann in jede Richtung explodieren. Leidenschaftliches Predigen, wenn ich dachte den Schlüssel zum Glück gefunden zu haben, todtraurig nach dem Scheitern. Ist schon anstrengend, so durch die Gegend zu laufen. Und für die Mitmenschen schier unverständlich. Sie lieben und sie hassen dich, wie du dich selbst. Automatisch fängst du an, dich zu verteidigen und zu rechtfertigen. Ich liebe das Empfinden ganz und bodenständig zu sein, dann kann ich mit den Extremen sein, ohne zu verzweifeln.*

Dieser Kampf muss scheinbar gekämpft werden. Bevor er für immer und ewig endet. Bevor das dritte Auge, das vielleicht bereits blinzelt, sich öffnet und nicht mehr schließt. So dass deine emotionalen Bewegungsabläufe nur noch erscheinen und dich als das, was (sie) wahrnimmt, nicht mehr berühren oder gar entankern können.

Oh ja, jede denkbare Emotion kann erscheinen! Selbst das, was man als Eifersucht, Neid, Verachtung bezeichnet. Das was du bist hat mit all dem nur insofern zu tun, als es (ihm) „erscheint!" Denn es ist jenseits all dessen. Daher kann es (ihm) nur erscheinen, es kann nicht in all diese Emotionen involviert werden. Dein KörperGeistOrganismus aber schon. Wo sonst sollten sie denn sonst stattfinden, die Emotionen?

Wollte man den KörperGeistOrganismus bezüglich seiner Emotionalität einmal mit einem brennenden Ofen vergleichen, so wäre das, was wahrnimmt, der gut isolierte und feste Boden, auf dem derselbe steht! Diese Metapher ist aber insofern ungeeignet, als der Boden ja zumindest warm werden kann. Was wahrnimmt ist jedoch weder warm noch kalt. Denn es befindet sich nicht innerhalb der Dualität. Es nimmt dieselbe lediglich wahr.

Du bist nicht immer gelassen, denn wenn du es wärst, würdest du gar keine Emotionen erleben! Wie solltest du gelassen bleiben, wenn so starke Emotionen wie Zorn oder Angst erfahren werden? Und freilich kommen diese dann auch zum Ausdruck. Manchmal nur in dir, manchmal auch anderen Personen, die deine Emotionalität gerade erleben.

Die alles entscheidende Frage ist nicht die, **ob** du Emotionen, sondern **wie** du dieselben erlebst. Ist das dritte Auge geöffnet, bleibst du stabil, obgleich dein KörperGeistOrganismus emotional involviert ist. Keine einzige Emotion vermag dich zu entankern! Daher fragst du dich anschließend auch nicht: Wie konnte (mir) das nur (noch) passieren? Alles kann (dir) passieren. Nichts ist ausgeschlossen! Denn du bleibst ein menschliches Wesen.

Die meisten spirituellen Praktiken zielen auf Entmenschlichung ab. Immer freundlich solltest du sein und niemals unfreundlich! Immer barmherzig solltest du sein, niemals unbarmherzig.

Im natürlichen Zustand haben diese Normen keinerlei Gültigkeit! Wie du dich jeweils äußerst, kommt auf die Situation an. Einem Alkoholiker gegenüber kannst du als Partner nicht freundlich und barmherzig begegnen. Tust du es dennoch, wird weder dir noch ihm geholfen. Im Gegenteil: Du schadest dir und ihm ganz beträchtlich.

Kürzlich hörte ich in einem Interview das Statement eines Psychologen. Er sagte: Flüchtlinge aus islamischen Ländern „können" nicht integriert werden, denn sie kommen aus einer Kultur, die das vollkommen unmöglich macht! Das sehe ich genauso. Daher tun wir weder uns noch ihnen einen Gefallen, wenn wir diesen Versuch „aus Barmherzigkeit" starten. Ganz im Gegenteil: Wir schaden unserer aufgeklärten Gesellschaft und ebenso ihnen ganz beträchtlich!

Solange du im Gefühlsmodus lebst und darauf achtest, keine „negative" Emotion zu erfahren, bist du der Sklave deiner Emotionalität. Denn sobald sich eine zeigt, bist du auf sie fixiert. Und bist du auf sie fixiert, nimmt sie dich selbstverständlich gefangen.

Warum zum Teufel solltest du nicht mal todtraurig sein können? Warum niemals Angst oder Panik verspüren? Wieso zum Henker niemals am Boden zerstört sein?

Wenn dich beispielsweise ein geliebter Mensch plötzlich verachtet oder verlässt. Wärst du es nicht, müsste man sich Sorgen um dich machen! Denn genau das erleben sogenannte Depersonalisierte. Nichts was passiert, geht sie etwas an.

Die Betroffenen klagen über ein Gefühl von entfernt sein, von „nicht richtig hier" sein. Sie klagen z. B. darüber, dass ihre Empfindungen, Gefühle und ihr inneres Selbstgefühl losgelöst seien, fremd, nicht ihr eigen, unangenehm verloren oder dass ihre Gefühle und Bewegungen zu jemand anderen zu gehören scheinen, oder sie haben das Gefühl, in einem Schauspiel mitzuspielen. (Wikipedia)

Keine Frage ist das hier nur ein Schauspiel; dein KörperGeistOrganismus jedoch ist eine scheinbar reale Figur in dem Spiel. Er wird durch die Klarheit mitnichten ein emotionsloses Wesen, das sich hier fremd und heimatlos fühlt.

Ganz im Gegenteil: Die Welt wird in deiner Wahrnehmung zu „deiner" Spielwelt. Sie erscheint nirgendwo anders, als in dir, als dem, was sie wahrnimmt.

Du bist genau richtig hier! Und das gilt ebenso für deine Emotionen. Sie gehören zum Spiel. Und dennoch schaust du ihnen zu. Jedoch jenseits all dessen, was da passiert als wär's Realität.

Das ist jedoch keine konstruierte Metaposition, wie man sie im NLP[10] lernt. Dabei tritt man sozusagen hinter sich als Person und auch hinter die andere Person, mit der man als Person kommuniziert. So wird man temporär zum neutralen Beobachter. Dass das möglich ist, ist überhaupt keine Frage. Und es kann nützlich sein, insbesondere um Kommunikationsprobleme oder Konflikte zu lösen. Die Metaposition lässt sich jedoch niemals „halten". Sie verschwindet im alltäglichen Leben.

Das, was wahrnimmt, kann nicht verschwinden. Schon weil es niemals erschienen ist und erscheint. Vielmehr ist das, was wahrnimmt, die Voraussetzung dafür, dass alles erscheint. Wie eine Kameralinse die Voraussetzung ist für all das, was später als Film oder Foto erscheint. Sie selbst erscheint jedoch niemals auf einem Foto oder im Film.

Und weil du das bist, kann alles und darf auch alles erscheinen. Und daher ist keine Emotion ausgeschlossen. Man kann sie freilich ausschließen. Oder es zumindest versuchen. Doch dann wäre lediglich der Versuch auf dem Foto oder dem Film. Die Kameralinse jedoch ist es egal, was auf ihr erscheint.

---

[10] Das Neuro-Linguistische Programmieren (kurz NLP) ist eine Sammlung von Kommunikationstechniken und Methoden zur Veränderung psychischer Abläufe im Menschen, die unter anderem Konzepte aus der Klientenzentrierten Therapie, der Gestalttherapie, der Hypnotherapie und den Kognitionswissenschaften sowie des Konstruktivismus aufgreift. (Wikipedia)

Kapitulation

Letztlich bist du ein Computer, der so reagiert, wie er programmiert wurde. Tatsächlich hält dich dein gegenwärtiges Bemühen, dich zu ändern, davon ab, auf natürliche Weise zu funktionieren.

UG Krishnamurti

Der Glücksfall persönlichen Scheiterns

Beobachte ich mich, so stelle ich fest, dass ich instinktiv darum kämpfe, Erfolg zu haben. Ob meine Unternehmungen egoistischer Natur (Geld verdienen, genießen, mich bewundern lassen, etc.) oder altruistisch gedacht sind (andern zu helfen, „besser" zu werden, meine „Fehler" auszurotten); instinktiv kämpfe ich unaufhörlich darum, mein Unterfangen zu einem guten Ende zu führen; somit kämpfe ich unaufhörlich darum, mich „aufzuschwingen". Alles in mir ist in dauernder Anspannung, damit ich endlich „hochkomme". Ich bin wie ein Vogel, der dauernd seine Flügel benutzt, um hochzufliegen, oder um gegen einen absteigenden Wind anzukämpfen, der ihn zu Boden drücken möchte. Ich verhalte mich so, als ob meine „Erwartungen" berechtigt wären, als ob das wahre Gut, dessen ich bedarf, (die Verwirklichung: Satori) in der Erfüllung meiner Erwartungen beruhen würde. Richtig ist aber genau das Gegenteil. Meine Erwartungen betrügen mich, sie gehören einem infernalen circulus vitiosus an, in dem ich kostbare Kräfte vergeude. All mein Ringen, hochzukommen, alle anderen Menschen möglichst zu überragen, ist nur unbewusster Widerstand gegen jene spontane glückliche Verwandlung, die mein Prinzip jederzeit bereit ist, in mir zu verwirklichen. Die vollkommene Glückseligkeit erwartet mich nicht oben, sondern unten. Sie erwartet mich nicht in dem, was ich augenblicklich noch als Sieg betrachte, sondern in dem, was mir jetzt noch als Unheil erscheint. Meine vollkommene Freude erwartet mich nach der totalen Zerstörung meiner Erwartungen.

Die Hohe Lehre, S 119

Ich vermag nicht zu glauben, dass Hubert Benoit während er „Die Hohe Lehre" schrieb, verwirklicht war. Das macht aber nichts. Was er schreibt, sind dennoch klare Verweise auf die Wahrheit. Und die Wahrheit braucht, um sich auszudrücken, nicht zwingend ein verwirklichtes Werkzeug.

Der Mann befand sich noch im Prozess zur Verwirklichung. Und genau deshalb kann er ihn so gut beschreiben. Er muss sich nicht, wie beispielsweise ich, erst daran erinnern. Was mir gar nicht mehr gelingen würde, weil mir der Zugang zu meinem emotionalen Gedächtnis verbaut ist.

Auch ich habe meinen „Einweihungsroman" *Der Gescheitere* unverwirklicht geschrieben, würde ihn jedoch heute genauso schreiben, wie er sich damals schrieb. Nur könnte ich ihn, wie gesagt, heute gar nicht mehr schreiben, weil mir der emotionale Zustand, in dem ich mich damals befand, nicht mehr zugänglich ist und daher auch nicht mehr authentisch ausgedrückt werden kann.

Benoit verweist genial auf die Wahrheit, doch den Verwirklichungsprozess, den er beschreibt, den hätte er nicht so dezidiert und anschaulich formulieren können, hätte er ihn nicht zum Zeitpunkt des Schreibens erlebt.

Daher ist bei ihm auch oft von „innerer Arbeit" die Rede. Arbeit, die in Wahrheit nicht notwendig ist und der die Klarheit eher verhindert, statt fördert. Die einzige „Arbeit", die ich empfehle, ist die Untersuchung der Lebensfunktionen deines KörperGeistMechanismus. Zunächst die körperlichen, dann die geistigen.

Wenn die Untersuchung erfolgreich war, wirst du klar sehen können: Selbst untersucht habe „ich" nicht. Sie ergab sich, sie geschah, sie hat sich ereignet. So wie alles andere im Leben! Die Wahrheit ist nicht das Problem. Die Wahrheit ist simpel und einfach:

> Ich existiere nicht, ich erscheine nur.
>
> Und wie ich erscheine, ist nicht unter meiner Kontrolle

Aus. Basta. Mehr brauchst du nicht zu erkennen. Ist das sonnenklar, hat sich die spirituelle Suche erledigt. Es ist jedoch nicht vollkommene Glückseligkeit und vollkommene Freude, die uns am Ende erwartet. Die wird nämlich völlig irrelevant. Das konnte Benoit freilich noch nicht erkennen, denn das Ende der Fahnenstange war *mit ihm* noch nicht erreicht. Wer weiß, ob sie zeitlebens erreicht wurde, das spielt jedoch nicht die geringste Rolle. Weil „nichts" eine spielt. Oder alles „nur" eine spielt.

Seine Beobachtung aber, die stimmt natürlich. Dass mensch stets nach oben strebt, mein ich. Egal ob materiell, ideell oder spirituell. Nur, dass ihn „da oben" nichts anderes erwartet als Enttäuschung. Weil nichts von dem, was mensch erreichen kann, ist, was er ist. Jetzt schon. Immer schon. In keinem einzigen Moment seines Daseins ist er nicht zuhause!

Aus diesem Grund – und einzig aus diesem – muss mensch Scheitern erleben. Wie sonst sollte er denn erkennen, dass all sein Bemühen für die Katz war und ist? Das Scheitern muss übrigens nicht zwingend materieller Natur sein. Du musst nicht zwingend deine Spareinlagen, dein Haus oder den Wert deiner Aktien verlieren. Es genügt völlig, wenn du deine Ideale verlierst. Wenn du bemerkst, dass all deine Bestrebungen, die Person zu sein, die du sein möchtest, zerbröseln.

Du möchtest eine gute Mutter für dein Baby sein, verlierst jedoch immer wieder die Nerven während seines allnächtlichen Geplärrs! Du möchtest deinem Mann liebevoll und freundlich begegnen, bist ihm jedoch beim kleinsten Anlass schon böse, beispielsweise deshalb, weil er die Wäsche nicht aufhing, wie er es versprach! Du möchtest dich um deinen kranken Vater kümmern, doch sein ständiges Genörgel geht dir derart auf den Wecker, dass du zu deinem größten Erstaunen bemerkst, dass in dir manchmal der Wunsch entsteht, er möge doch endlich sterben!

An dir selbst zu verzweifeln ist die beste Voraussetzung dazu, während der Untersuchung deiner Lebensfunktionen klar zu sehen, dass du nur eine Marionette bist, aus ihr selbst heraus gänzlich handlungsunfähig! Ist das nicht der Fall, magst du sie zum 1000sten Mal untersuchen, ohne auch nur im Geringsten erkennen zu können, dass es dich als Handelnden wirklich, wirklich, wirklich nicht gibt!

Theoretisch mag es dir zwar klar sein, im Alltag jedoch merkst du nix bzw. wenig davon. Denn du empfindest weiterhin Schuld und Scham, wenn du dich verbal oder in deinem Verhalten vergaloppiert hast. Und du bist gleich im Anklagemodus, wenn andere Menschen sich auf eine Weise verhalten, die dir widerstrebt! Deine Brust schwillt, wenn du etwas geleistet hast, und wenn dir etwas misslang, bist zu Tode betrübt. Du kannst die genannten Reaktionen nicht auf direktem Wege verhindern. Und solltest du es versuchen, kannst du nur scheitern. Was allerdings, wie wir sahen, nicht das Schlechteste wäre.

Du fehlst

Wir laufen Gefahr, uns einer neuen Illusion hinzugeben, wenn wir uns (vom Satori) irgendwelche Vorstellungen machen. Von dem Punkt aus, an dem wir uns jetzt befinden, können wir die richtige Entwicklung uns nur als fortschreitende Zerstörung all dessen denken, was wir „Erfolg" nennen.

Wir können den verwirklichten Menschen nur als einen Menschen betrachten, der „in absoluter Weise ganz durchschnittlich" geworden ist. Nur derjenige, der das Satori erreicht hat, kann sagen:

„Ein irrender Hund, der um Nahrung und Mitleid bettelte und der von Straßenkindern unbarmherzig verjagt wurde, ist zum Löwen mit goldener Mähne geworden, dessen Brüllen alle schwachen Geister mit Entsetzen erfüllt!"

Die Hohe Lehre, S 121

Satori (oder Erleuchtung) beruht eben nicht auf einem Zauberwort: Abrakadabra Simsalabim, und mensch ist befreit und glückselig! Freilich ohnehin nur seiner Vorstellung gemäß befreit und glückselig. Und wer wollte nicht zugeben, dass er solche Vorstellungen hat(te)? Auf der Ebene aber, auf der diese Vorstellungen entstehen, findet Satori nicht statt. Auf der Ebene der Vorstellungen findet nur eins statt: Zerstörung!

Eine Vorstellung nach der andern geht über den Jordan. Du bettelst um Gnade, doch die Umstände jagen dich immer wieder zum Teufel!

Hartes Schicksal. Nichtwahr? Zweifelsohne. Denn wem Satori bestimmt ist, muss entleert werden. Daran geht kein Weg vorbei.

Ich hatte keine dunkle Nacht der Seele und sehe dennoch klar! Höre oder lese ich immer wieder einmal. Nun, dann liegt diese Erfahrung eben schon hinter dir. In einem Leben, welches du allerdings nicht „mein" früheres nennen kannst, hat die Zerstörung garantiert stattgefunden. Ohne die Erfahrung des irrenden Hundes, der um Nahrung und Mitleid bettelt und unbarmherzig verjagt wird, wird keiner zum Löwen mit goldener Mähne, dessen Brüllen alle schwachen Geister mit Entsetzen erfüllt! Weit gefehlt aber, wenn du dir den Löwen mit goldener Mähne als überdurchschnittliches Lebewesen vorstellst!

> Der verwirklichte Mensch
> ist in absoluter Weise ganz durchschnittlich!

Nichts Glamouröses haftet ihm an. Überhaupt nichts Besonderes. Auch gewinnt er keinen Nobelpreis. Sein Schaffen wird von der Majorität nicht gewürdigt. Sein Brüllen erschreckt und entsetzt vielmehr schwache Geister.

Denn er brüllt: Neti Neti! Nicht dies (und auch) nicht dies. Mit anderen Worten: Er macht dir alles kaputt. Alles, von dem du dachtest und hofftest, es würde deinen spirituellen Hunger stillen, wenn du nur demütig genug um Gnade flehen würdest.

Stattdessen wirst du immer und immer wieder verjagt. Du kommst dir vor wie ein geprügelter Hund. Gottt erscheint dir wie ein Dämon, wie ein Teufel. Das ist aber zwingend notwendig, um dich zu zerbrechen und zu entleeren. Denn Leersein ist keine intellektuelle Erkenntnis, die man bei Kaffee und Kuchen nach dem Satsang oder dem

Advaita-Treffen erörtert. Leersein ist auch keine meditative Erfahrung. Leersein ist auch kein emotionaler Zustand, sondern das Gegenteil davon. Was jedoch nicht bedeutet, du wärst emotional amputiert. Lachen ist möglich. Weinen ist möglich. Doch eigentümlicherweise bist du weder der Lachende noch der Weinende.

Das ist der gleichermaßen subtile wie revolutionäre Unterschied: Du fehlst! Egal welche Emotionen erscheinen mögen. Oder welche Aktivitäten. Du als der, der die Emotionen als „seine" wahrnimmt, du als der, der die Aktivitäten als „seine" wahrnimmt, der fehlt.

Das Fehlen des illusionären Zentrums im KörperGeistOrganismus ist, was man leer nennt. Du sitzt nicht etwa passiv oder abwesend rum. Man nimmt keine Besonderheiten an dir wahr. Es sei denn, du wärst in besonderer Weise bekleidet. Wie ein Zen-Meister oder ein Mönch. Kleider machen Leute, sagt man. Kleider machen aber mitnichten leer. Das vermag nur die Desillusionierung.

Dies Fehlen beruht jedoch nicht auf einer Fähigkeit, sondern im Gegenteil auf Unfähigkeit. Du „vermagst" dich als den, auf den sich jede Erfahrung bezieht, schlicht nicht mehr wahrzunehmen. Da wo er früher zu sein schien, findet sich sozusagen nur noch eine Art „schwarzes Loch". Und wollte man sich selbst überhaupt noch definieren, was man nicht tut, weil es unsinnig erscheint, dann würde man sich als Leerheit bezeichnen.

Woher weiß ich, dass du genau verstehst, worauf ich gerade verweise? Weil du Leerheit bist! Weil du gar nichts anderes als Leerheit sein kannst! Der Widerstand, den du womöglich noch wahrnimmst, ist Leerheit, die ihrer Leerheit davonläuft, die ihre Leerheit nicht wahrhaben haben will und daher auch nicht wahrnehmen kann. Daher füllt sie sich stets mit Wissen und Erfahrungen an, die sie temporär zu füllen vermögen. Und wenn es das „Gefühl" der Leere ist. Wenigstens fühlen möchte sie sich als Leerheit.

Gar nichts mehr fühlen soll ich? Werner, ist es das, was du meinst?

Nein, lieber Leser, das meine ich nicht. Denn es wäre auch ein Versuch, das zu erreichen, was du schon bist, immer warst, immer sein wirst! Was du bist, kannst du weder verlieren noch erreichen. Und zwar unabhängig davon, ob das entdeckt oder nicht entdeckt wird.

Vollkommene Gleichgültigkeit

Das einzige, was in meinem Gefühlsleben in jedem Augenblick Wirklichkeit besitzt, das einzige, worum es sich also in Wahrheit für mich handelt, ist nicht mein Erregungszustand, meine Verkrampfung, mein Parteiergreifen für etwas, sondern hinter all diesen Erscheinungen meine vollkommene Gleichgültigkeit, mein Nicht-Verkrampftsein, mein Nicht-Parteiergreifen. Was für mich als sensibles Wesen von Gewicht ist, ist nicht, was ich jeweils fühle, sondern die unendliche Fülle dessen, was ich jeweils nicht fühle. Kurz gesagt: der jeweils in Erscheinung tretende Erregungszustand ist in Wirklichkeit ohne jedes Interesse für mich selbst.

Die Hohe Lehre, S 130

Das, was du bist, immer warst, immer sein wirst, ist nicht fühlbar. Anders formuliert: Das was du bist, hat mit dem, was an Gefühlen erscheint, nur insofern zu tun, als dass sie erscheinen. Das, was Benoit *vollkommene Gleichgültigkeit* nennt, ist daher nicht jene Gleichgültigkeit, welche man während der Resignation oder einer Depression „spürt".

An einigen Stellen bezeichnet Benoit das, was hinter allen Erscheinungen Wirklichkeit ist, *grundlegendes Existenzempfinden*. „Empfinden" ist freilich ein Wort, das wir mit Emotion assoziieren, hat aber mit Emotion nicht das Geringste zu tun. Er gebraucht es sicherlich nur in Ermangelung eines besser geeigneten Wortes.

Für das, was du bist, gibt es schlicht kein einziges wirklich geeignetes Wort. Weil es jenseits von Worten ist, jenseits von Emotionen, selbst jenseits allen Erkennbaren. Und gleichzeitig so nah wie sonst nichts. Näher als jedes Gefühl und jede Erkenntnis. So nahe, dass du nur sagen kannst: Das bin ich wirklich, DAS und sonst überhaupt nichts.

Warum sollte der jeweils in Erscheinung tretende Erregungszustand in Wirklichkeit ohne jedes Interesse für mich selbst sein? Sind es nicht gerade Gefühle, die unser Leben ausmachen? Was wäre denn ein Leben ohne Gefühle? Wären wir dann nicht schlimmer dran als die Tiere? Und selbst die erleben doch Emotionen! Wir sind doch schließlich nicht aus Holz oder Stein!

Was Benoit „vollkommene Gleichgültigkeit" nennt, ist schlicht die Beschreibung des zustandslosen Zustands, nachdem sich das, was wir wirklich sind, als gänzlich unauffindbar fand. Ja, lies den Satz nur noch einmal, wenn er dir absurd erscheint. Anders als absurd klingend, lässt er sich aber schlicht nicht beschreiben.

Denn du findest ja nicht einmal „Nichts". „Sein" findest du aber auch nicht. In Ermangelung adäquater Worte können wir freilich sowohl das Wort „Nichts" als auch das Wort „Sein" gebrauchen. In der dualistischen Wahrnehmung jedoch verwandeln sich beide Worte sogleich in Objekte. Oder anders formuliert: Sie werden In der dualistischen Wahrnehmung mit einer Vorstellung assoziiert, die dem, was gemeint ist, überhaupt nicht entspricht.

Dualität und Dualismus sind zwei Paar Stiefel. Dualität verweist lediglich auf zwei sich ergänzende Gegensatzpaare, ohne die Manifestation unmöglich wäre. Dualismus hingegen geht von zwei unterschiedlichen und voneinander unabhängigen Grundelementen aus, beispielsweise zwei Entitäten, Prinzipien, Mächten, Substanzen, Erscheinungen, oder Seh- und Erkenntnisweisen.

Im nondualen Bewusstsein sehen wir zwar durchaus zwei Pole, doch dieselben ergänzen sich selbst dann noch, wenn sie sich diametral widersprechen. Gut und Böse zum Beispiel widersprechen sich zwar diametral, sind aber ebenso miteinander verbunden wie Himmel und Erde, Licht und Schatten, etc. Keins kann ohne das andere erscheinen.

Im dualistischen Denken wird das, was wir wirklich sind, sogleich etwas anderem gegenübergestellt: Subjekt dem Objekt in diesem Fall. Im nondualen Bewusstsein wird Subjekt und Objekt zwar unterschieden, erscheint jedoch nicht, wie im dualistischen Denken, voneinander getrennt!

Im nondualen Bewusstsein wird die vollkommene Gleichgültigkeit des Subjekts zwar unterschieden von den Erregungszuständen des Objekts, selbst sie erscheinen jedoch nicht voneinander getrennt. Man könnte daher, ohne sich verbiegen zu müssen, behaupten, dass Objekt nichts anderes ist als Subjekt, jedoch nur „in seiner Erscheinung", nicht in seiner Essenz.

Gefühle erscheinen daher auch im nondualen Bewusstsein und dürfen natürlicherweise erscheinen. Ihre Bedeutung jedoch ist ähnlich irrelevant wie eine Puppe für ein erwachsenes Mädchen oder Legobausteine für einen erwachsenen Jungen.

Oh ja, ich kann Erregungszustände – und zwar sowohl in geistiger als auch körperlicher Hinsicht – durchaus noch erleben! Doch sie sind nicht von Interesse für mich. Ich bin mir zwar durchaus nicht sicher darin, ob ich sie, würden sie überhaupt nicht mehr erscheinen, nicht vermissen würde. Wahrscheinlich schon. Unser KörperGeistOrganismus ist schließlich nicht gefühllos programmiert. Ihre Bedeutung jedoch ist mitnichten dieselbe wie vor dem Mindcrash.

Der eine oder andere mag mich womöglich bedauern. Doch das tut er nur, weil Emotionen in seiner Vorstellungwelt von so großer Wichtigkeit sind. Ich bin äußerst dankbar, dass sie in meiner Wahrnehmung keine Rolle mehr spielen. Da ich, wie schon mehrfach erwähnt, keinen Zugriff mehr auf mein emotionales Gedächtnis besitze, kann ich zwar nicht mehr „nachfühlen", wie sich das Auf und Ab von Gefühlen in meiner dualistischen Wahrnehmung abgespielt hat, ich „weiß" jedoch nur noch zu gut, wie erbärmlich ich mich jeweils fühlte, wenn ein euphorischer Gefühlszustand von einem deprimierenden abgelöst wurde.

Transformation ist ein Fake

Die Reifung des Verständnisses liegt in einer fortschreitenden Unterhöhlung der Irrtümer, die schließlich die Wahrheit herbeiführt.

Die Hohe Lehre, S 132

Es gibt letztlich nur „einen" Irrtum, nicht viele Irrtümer. Und wurde der aufgedeckt, ich meine wirklich aufgedeckt, nicht nur angerissen oder kurz überflogen, wirst du nicht einmal mehr einen Finger rühren, um dich oder andere zu ändern. Aus ist's mit allen Bemühungen! Sofort und für immer.

Du wirst nicht zum Fatalist! Keine Bange. Nein, du wirst nur nicht mehr anders zu werden versuchen, als so, wie du offensichtlich programmiert bist. Du wirst dich weder an Buddha, noch an Jesus, noch an Krishna orientieren. Auch an sonst keinem Menschen.

Du bist einzigartig! Ein Unikat. Keine(r) ist so wie du. Zwar gibt's Parallelen zu anderen Menschen, dieselben können jedoch nicht darüber hinwegtäuschen, dass auch Gegensätzlichkeiten existieren. Das ist der Grund, weshalb du mit anderen Menschen immer nur bis zu einem gewissen Grad korrelierst bzw. zusammenpasst.

Das ist auch der Grund, weshalb sich Menschen, die über Jahre beste Freunde sind, plötzlich und unvermutet voneinander trennen. *Es passt nicht mehr*, lautet dann zumeist die lapidare Begründung. Nein, es hat auf dem Gebiet, das zur Trennung führte, noch niemals gepasst, nur gab es bislang nie eine Situation, die die Unterschiedlichkeit so drastisch offenbar machte.

Weit mehr als zuvor wird dir klar, wie du funktionierst. Im Allgemeinen und im Speziellen. Die Scheuklappen deiner Idealvorstellung von dir selbst sind endlich gefallen. Du musst nicht mehr so sein, wie sich's gehört. Was dir deine Eltern, deine Lehrer, dein Guru beibrachte, wandert gnadenlos in den Müll.

Was man als Authentizität bezeichnet, ist nur möglich durch den unverstellten Blick hinein in das Programm, nach welchem du als menschlich (re)agierender Roboter funktionierst. Naturgemäß funktionierst, nicht aufgrund nachträglicher Konditionierung. Aus diesem Grund gibt es, obgleich es nur *einen* grundlegenden Irrtum gibt, eine fortschreitende Unterhöhlung „diverser" Irrtümer.

Deine Sanftmut mag lediglich ein Ergebnis von Konditionierung sein. In Wahrheit bist du jedoch keine Taube, sondern ein Löwe. Ebenso mag es um deine Toleranz bestellt sein, die selbst dann noch erscheint, wenn man dich beleidigt und unterbuttert.

Es könnte jedoch ebenso sein, das aggressives Verhalten Ergebnis von Konditionierung ist. Vielleicht weil dein Vater dir beigebracht hat, dich in jedem Fall und gegen alle Hindernisse durchzusetzen. In Wahrheit magst du ein grundgütig programmierter Mensch sein und wird das erkannt, fällt die konditionierte Aggression ebenso von dir ab, wie bei anderen die konditionierte Sanftmut.

Dies erscheint dann anderen als Transformation, in Wahrheit aber wurde nur künstlich aufgesetztes Verhalten entfernt. Transformation ist ein Fake. Das Programm des Bioroboters Mensch kann ebenso wenig verändert werden, wie das Programm einer Biene oder Waldameise.

Du wirst nicht mehr daran vorbeisehen müssen und können, dass dir bestimmte Tätigkeiten liegen und andere überhaupt nicht. Ich schreibe gern, arbeite jedoch ungern im Garten. Bei anderen mag es genau umgekehrt sein. Kannst du dir deine Neigungen und Abneigungen eingestehen, wird dein Leben automatisch um vieles leichter werden.

Das gilt auch für den Umgang mit Menschen, die andere Neigungen und Abneigungen in sich tragen als du. Einer meiner engen Freunde ist der Herausgeber des Welt Vegan Magazin. Ich finde an der veganen Ernährungsweise überhaupt keinen Gefallen, da jedoch Markus und ich beide realisieren, dass wir auf verschiedene Art und Weise funktionieren, haben wir nicht das geringste Problem miteinander.

Bist du missionarisch gestrickt, so wie ich, wirst du nicht umhinkönnen, deine Botschaft in die Welt hinauszutragen. Ich betrachte dies jedoch nicht als „meine Mission", sondern als „meine Funktion". So wie andere Brötchen backen, Uhren reparieren oder Qualität sichern, verweise ich durch das gesprochene und geschriebene Wort auf die absolute Wahrheit. Da mir bewusst ist, dass jeder Mensch eine programmierte Biomaschine ist, käme ich niemals auf die krude Idee, Menschen zu überzeugen. Wer die Botschaft ablehnt, hat überhaupt keine andere Wahl, wer sie freudig aufnimmt, freilich auch nicht.

Menschen, die Change-Ratgeber lesen, sind auf Veränderung aus. Doch was sie lesen, ist Un-Rat. Jeder Versuch, sich zu ändern, muss naturgemäß scheitern. Aus einem Ackergaul wird niemals ein Rennpferd. Und umgekehrt ist's genauso.

Das gilt auch für alle Veränderungsversuche spiritueller Natur. Reinige deine Chakren bis zum St. Nimmerleinstag. Was unrein ist, wird niemals rein werden können. Was unheilig ist, wird niemals heilig werden können. Spirituelle Pfade sind keinen Pfifferling wert! Was sie bewirken können ist nur eines: vollendetes Scheitern! Was allerdings, wie bereits erwähnt, nicht das Schlechteste ist...

Ich bin nicht im „Holy Business"! Mein Geschäft besteht u.a. darin, dieses einträgliche Geschäft als das zu exponieren, was es in Wahrheit ist: man verkauft dir heilige Scheiße in goldenen Tüten! Manche von uns – und ich gehöre zu ihnen – haben für Jahre und Jahrzehnte diese Scheiße gefressen und sind dabei schwach und krank geworden. Wiederherstellung ist jedoch möglich.

Hör auf damit, dich verändern zu wollen! Schau dir vielmehr an, wie dein Bodymind funktioniert. Naturgemäß funktioniert, meine ich. Entdecke deine Vorlieben und Abneigungen, deine Fähigkeiten und Unfähigkeiten. Entdecke die Konditionierungen, die dein Programm behindern. Du brauchst sie nicht schreddern. Sie werden automatisch geschreddert, wenn sie sich als etwas Aufgesetztes, nicht wirklich zu dir Gehörendes erweisen.

Dein KörperGeistOrganismus funktioniert genauso perfekt wie Flora und Fauna. Er braucht weder einen Manager, noch einen Motivationstrainer. Im Gegenteil: Sind diese korrupten Schweine erst mal gefeuert, läuft alles wie am Schnürchen.

Das Ende der Phänomenon-Vergackeierung

Das Unbewusste (als Noumenon) besitzt absolute Wirklichkeit. Das Wachbewusstsein als solches (Vorstellungsablauf) besitzt eine relative Wirklichkeit (als Phänomenon). Dem Unterbewusstsein jedoch eignet nur eine vermeintliche Realität; es ist nichts als eine aufgeblasene Hilfskonstruktion, die von der „Aktivität" her betrachtet das bewegende Unbewusste ist und von der „Passivität" her gesehen das bewegte Wachbewusstsein. Der Mensch, der Satori verwirklichte, wird also nicht die Fähigkeit erlangt haben, das Gefühl zu „erfassen", dass der Mensch vor dem Satori zu erfassen nicht imstande war. Denn das Satori oder das Erwachen des prinzipiellen Geistes in uns zerstreut die trügerische Vorstellung, die wir „Gefühl" nennen. Die fruchtlose Bemühung, das ungreifbare „Gefühl" erfassen zu wollen, ist es ja gerade, die zum Erwachen des Prinzipiellen Geistigen in uns führt. Für den Menschen nach dem Satori gibt es kein „Gefühl" mehr. Sein Wachbewusstsein wird unmittelbar vom Prinzipiellen Geistigen gelenkt in einer im kosmischen Sinne harmonischen Antwort auf die Reize der Außenwelt.

Die Hohe Lehre, S 135

Ich bitte zu beachten, dass Benoit vom Unbewussten und vom Unterbewusstsein spricht. Mit dem Unbewussten deutet er auf Noumenon, das freudsche Unterbewusstsein verweist er letztlich ins Land der Träume. Ich war der Psychoanalyse von jeher abhold, und das Schicksal bewahrte mich zumindest vor diesem Popanz, von vielen anderen allerdings nicht.

Gefühle erfassen! Wie sollte das möglich sein? Du kannst sie nur spüren. Egal ob Angst, Traurigkeit, Wut, Freude, Euphorie, Seligkeit, etc. All das sind Vibrationen, die den KörperGeistOrganismus erfassen. Versuchst du jedoch die Vibration(en) zu erfassen, erweist sich das als unmöglich, weil du es ja bist, der erfasst wird.

Was wir erfassen (oder kontrollieren) möchten, egal worum es sich dabei handelt, führt nur zu einem und das ist das Scheitern. Und genau das, nämlich das Scheitern, ist Voraussetzung für das, was Benoit hier als *Satori* oder *das Erwachen des prinzipiellen Geistes* bezeichnet.

Scheitern bedeutet allerdings nicht, dass du immer Misserfolg hast. Nein, du magst von Erfolgserlebnis zu Erfolgserlebnis schreiten und lange Zeit obenauf sein. Ich erlebte solche Phasen immer wieder im Leben. Manchmal erlebte ich Scheitern sogar während der Feier eines Erfolgs. Weil er sich in meiner Wahrnehmung urplötzlich wie eine bunte Seifenblase erwies, die zwar nicht äußerlich, aber innerlich platzte.

In solchen Momenten bist du deinem wahren Wesen, das allerdings nicht gefühlt werden kann, so nahe wie ansonsten nie. Weil diese Momente jedoch als Abschwung der Gefühle, von denen du abhängig bist, wahrgenommen werden, vermagst du nicht „zuhause" zu bleiben. Du stürzt dich wiederum ins Getümmel. Nicht notwendigerweise ins weltliche, weil du dasselbe womöglich bereits als Bluff durchschaut hast. Vielleicht buchst du ein Stille-Retreat, das Motiv jedoch ist das Gleiche, du willst dem Scheitern entkommen. Und was passiert dabei? Deine Traurigkeit weicht einer vielleicht sogar vorher nie gekannten Seligkeit oder gar Ausgeglichenheit. Ah. Wunderbar. Halleluja.

In Wahrheit hat sich nur ereignet, was ich unten auf simple Weise darzustellen versuche:

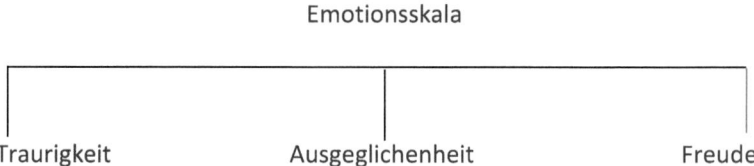

Emotionsskala

| Traurigkeit | Ausgeglichenheit | Freude |

Du bist dann emotional weder traurig noch freudig, sondern emotional ausgeglichen. Vielleicht glaubst du nun, „in deiner Mitte" angekommen zu sein. Vielleicht glaubst du sogar, Satori erlangt zu haben. Phasen emotionaler Ausgeglichenheit sind nicht immer kurzlebig. Sie können unter Umständen längere Zeit überdauern. Wundere dich aber nicht, wenn sie dennoch irgendwann enden.

Was nicht enden kann, schon weil es niemals begann, ist das, was du bist:

Noumenon

↕

Phänomenon

| Trauer | Ausgeglichenheit | Freude |

Gefühle spielen sich auf der phänomenalen Ebene ab. Noumenon ist „absolut" emotionslos. Was nicht bedeutet, du wärst emotionslos, wenn Noumenon sich entdeckt hat. Denn Noumenon und Phänomenon sind zwar unterscheidbar, jedoch keineswegs trennbar.

Ich wiederhole: Objekt ist Subjekt, jedoch nur in seiner Erscheinung, nicht in seiner Essenz! Daher, wenn die Noumenon-Verschleierung respektive die Phänomenon-Vergackeierung endet, sind Emotionen nicht mehr relevant. Sie erscheinen zwar sporadisch – je nach gegebenen Anlass – erhalten jedoch keine Bedeutung mehr im Lebensfluss. Man könnte auch sagen: Sie werden nicht mehr „gekauft"! Du hast dafür einfach kein Geld mehr in der Tasche.

Wenn Benoit daher schreibt: *Für den Menschen nach dem Satori gibt es kein „Gefühl" mehr,* meint er nicht, dass keins mehr erscheint, sondern dass Gefühle keine andere Bedeutung mehr haben als eine funktionale: Sie drücken die jeweilige Befindlichkeit des Organismus aus.

Mit ihnen sind jedoch keine Fiktionen verbunden. *So ein Tag, so wunderschön wie heute, so ein Tag, der sollte nie vergehen!* So ein Lied kannst du nicht mehr mitsingen. Das heißt, mitsingen kannst du es schon noch, mitfühlen kannst du es aber nicht mehr. Weil du mitnichten von der fiktionalen Vision, die es ausdrückt, emotional abhängig bist.

Du brauchst einfach keine Gefühle mehr! Und ich füge bewusst nicht hinzu: ...UM glücklich zu sein! Denn du weißt letztlich nicht einmal mehr, was Glücklichsein oder Unglücklichsein bedeutet! Das heißt: Wissen tust du es schon, fühlen aber nicht mehr.

Und zwar, weil Noumenon jenseits von Emotionen ist. Und da du Noumenon bist, bist du jenseits von ihnen. Würde ich schreiben: Du schaust ihnen zu, wäre das zwar nicht falsch, könnte aber den Eindruck erwecken, als könntest du nichts mehr fühlen. Solch eine Behauptung wäre aber abwegig, weil der Organismus, den du gewohnt bist als „meinen Organismus" zu bezeichnen, mitnichten gefühllos wurde und werden kann.

Einige meiner Leser wissen genau, worauf ich verweise und können vielleicht nur in Ermangelung der geeigneten Worte beschreiben, was sie genauso wahrnehmen und womit sie nicht im Konflikt sind. Alle anderen mögen sich fragen, ob so ein „emotionsloser Zustand" überhaupt erstrebenswert sei.

Nun, zunächst ist zu sagen, dass es sich beim sogenannten „natürlichen Zustand" nicht um einen „Zustand" im landläufigen Sinne handelt. Denn ihn kann man nicht spüren. Zum anderen bist du außerstande, ihn zu beurteilen, solange du noch mit deinem emotionalen Zustand beschäftigt bist und ihn auf die eine oder andere Weise zu verändern trachtest. So, als könnte man einen Fisch zu etwas Fischlosem machen.

Im Moment hängst du sozusagen an der Angel und deine Bewegungen sind die eines Fisches, dem freilich nicht bewusst ist, dass seine Bewegungen sinnlos sind, weil sein unausweichliches Schicksal der Grill oder die Pfanne ist. Da du jedoch nicht nur der Fisch bist, sondern ebenso auch der Fischer, gibt's keinen Grund, sich vor deinem Schicksal zu fürchten. Du kannst sicher sein, dass du dir selbst ein Festmahl sein wirst. Ein ewiges noch dazu.

Reflexion

Buddha verwendet nicht die Worte Atma, Atta – „Selbst". Er verwendet genau die entgegengesetzten Worte: „Nicht-Selbst" – Anatma, Anatta.

Er sagt, wenn der Verstand verschwindet, dann ist kein Selbst mehr da. Du bist universell geworden, du hast die Grenzen des Egos überwunden. Du bist reiner Raum, durch nichts verschmutzt. Du bist einfach ein Spiegel, der nichts reflektiert.

Osho, The Dhammapada: The Way of the Buddha, Vol. 1, Talk #1

Geniale Verdummung

Wenn ich jedoch begreife, wie absurd es ist, diese Unbeweglichkeit zu fürchten, wenn ich begreife, dass die Verkrampfung meiner Tiefenschicht nicht etwa Vernichtung, sondern nur scheinbaren Tod für mich bedeutet (Puppe), um mir dadurch erst zu wirklichem Leben zu verhelfen (Schmetterling), so werde ich gewahr werden, dass die Auslösung eines Vorstellungsablaufs durch den Erregungszustand durchaus nicht unvermeidlich zu sein braucht. Durch mein Verständnis und durch die daraus erwachsende Gewissheit komme ich zu der Einsicht, dass ich ohne weiteres in der Lage bin, mich mühelos in meine Angst, meine Trauer oder meinen Kummer zu „schmiegen", ohne dass dabei irgendein angsterregendes, trauriges oder kummervolles Bild entstehen müsste. Nach einer gewissen Zeit hört meine Traurigkeit auf, wirklich Traurigkeit zu sein und verwandelt sich in farblose Bewegungslosigkeit. Dann bin ich fühllos, empfindungslos, einem Stück Holze ähnlich, in gewissem Sinne „verdummt", jedoch durchaus fähig, sinnvoll zu handeln und wie ein in tadellosem Zustand befindlicher Roboter korrekt auf die Umwelt zu reagieren.

Die Hohe Lehre, S 140

Fürchtest du dich noch vor der Bewegungslosigkeit tief im Inneren? Verkrampfst du dabei? Entsteht eine Art Todesangst? *Das soll alles sein? Mann, Mann, Mann, das ist ja mein Ende! Oh Gott! So habe ich mir das aber nicht vorgestellt!*

Die Verkrampfung entsteht durch das innere Bild, das mit der Bewegungslosigkeit assoziiert wird und sich in dir aufbaut. Und das wiederum führt zur Traurigkeit. Es ist, als würdest du an deinem eigenen Grab stehen. Das Schlimmste, was man sich vorstellen kann! Weil du deinen Tod nicht selbst erlebst – nur die anderen – ist der Tod ja an sich nichts Schlimmes. An seinem eigenen Grab zu stehen, ob körperlich oder unkörperlich, das allerdings ist wirklich entsetzlich.

Ich weiß deshalb gar nicht, was so toll daran sein soll, den Tod als „Seele" zu überleben! Und womöglich zu sehen, wie abscheulich gewisse Leute hinter ihrer zur Schau gestellten Freundlichkeit wirklich über dich denken. Oder jene trauern zu sehen, die dich wirklich lieben. Sie jedoch nicht trösten zu können. Da schwebe ich nun körperlos, weiß, dass ich nicht mehr in meinen Körper zurückkommen kann, sehe ihn vielmehr kalt und starr im Sarg liegen. Und dann während der Beerdigung in der Erde versinken. Oder im Krematorium verbrennen. Grauenhafte Vorstellung... oder?

Ganz ähnlich geht's dir, wenn die Bewegungslosigkeit tief im Inneren entdeckt wird. Sogleich verbinden sich mit ihm schreckliche Bilder, die jedoch mit der Wirklichkeit nichts zu tun haben. Denn diese todesähnliche Bewegungslosigkeit ist in Wahrheit jener tiefe Friede, nach dem; jene innere Stabilität, nach der du dich sehnst.

Und wenn realisiert werden kann, dass genau das mein Zuhause ist, weichen die Bilder und damit der Schrecken und du vermagst dich in die Angst oder die Traurigkeit zu „schmiegen", wie Benoit es so trefflich ausdrückt.

Und dann weicht auch die Traurigkeit selbst und verwandelt sich in „farblose" Bewegungslosigkeit. *Dann bin ich fühllos, empfindungslos, einem Stück Holz ähnlich, in gewissem Sinne „verdummt", jedoch durchaus fähig, sinnvoll zu handeln und wie ein in tadellosem Zustand befindlicher Roboter korrekt auf die Umwelt zu reagieren.*

Genau das beschreibt den natürlichen Zustand. Verdummt. Deppert. Bekloppt. Aber funktional top. Keineswegs deppert in meiner Außenwirkung. Im Gegenteil, eher genial angepasst. Das, was man im NLP Rapport, Pacing, Matching oder Mirroring nennt. Man passt sich im Ausdruck an den anderen an. Selbst was Gestik, Mimik, Bewegung, Sprachstil, Rhythmus, Tonlage betrifft. Ohne jemals einen NLP-Kurs gemacht zu haben.

Das alles nur, weil absolut klar ist, dass ich nur ein Roboter bin, der programmgemäß funktioniert. Der Drang anders zu sein, als die anderen, verschwindet. Der Drang nach spiritueller Meisterschaft wirkt geradezu lächerlich. Alles Engelhafte, Spirituelle fällt von dir ab, weil es artifiziell ist.

Und du siehst klar, wieso Menschen sich auf so eigentümliche Weise verhalten. Nicht authentisch sind. Aufgesetzt, maskenhaft wirken. Sie sind auf der Flucht. Und wer flieht, ruht nicht in sich selbst. Selbst jene, die einen in sich ruhenden Eindruck vermitteln, weil sie so strukturiert sind, befinden sich auf der Flucht vor sich selbst. Denn du kannst nur du selbst sein, wenn du dich dort aufhältst, wo es dich nicht mehr gibt, dich als den, der glaubt, in eigener Regie denken, entscheiden und handeln zu können.

Und du fragst dich nicht mehr, wer du wirklich bist und auch nicht woher du kommst, oder **wohin** du gehst! Im besten Fall kannst du von dir sagen:

> Ich komme von nirgendwoher,
> gehe nirgendwohin und bin aus keinem Grund da.

Na sicher klingt das bekloppt! Allerdings nur in den Ohren derer, die noch vor ihrer Bewegungslosigkeit und damit ihrem wahren Wesen davonlaufen. Aber was sollte Gottt denn anderes über sich sagen?

Meinst du denn, Gottt wüsste woher er kommt, wohin er geht und weshalb er da ist? Wozu sollte Gottt das denn wissen müssen bzw. können? Die Frage nach dem Woher, dem Wohin und dem Wieso ist für Gottt vollkommen irrelevant. Denn Gottt IST. Kam nie, geht nie, hat keinen Grund zu sein. Die Frage nach dem Woher, dem Wohin oder dem Wieso macht für Gottt überhaupt keinen Sinn.

Diese Fragen stellen sich nur, solange Gottt scheinbar auf der Flucht vor sich selbst ist! Weil er in der Menschwerdung vollkommen vergisst, dass außer ihm nichts und niemand ist. Und daher sucht, was scheinbar verloren ging: Das Nichtsein zugunsten des Seins. Dabei ist Sein nur die andere Seite des Nichtseins. Und aus diesem Grund muss die Suche im Nichtsein enden. Also dem, was als Bewegungslosigkeit wahrgenommen wird. Im Unterschied zur Bewegung des Seins. Denn was ist Sein denn anderes als Bewegung? Und was könnte Nichtsein anderes sein als Bewegungslosigkeit?

Das Delirium der Gefühlswelt

Während mein Absolutes Prinzip „ist" und mein Organismus „existiert", das Noumenon „ist" und die Phänomene „existieren", eignet meinen Gefühlen weder Sein noch Existenz. Jede Erscheinung meines Gefühlslebens ist die aus meiner Unwissenheit entstandene verfälschende Interpretation an sich vollkommen neutraler Phänomene. Unser gesamtes Gefühlsleben ist ein aus falschen Überzeugungen hervorgegangenes Delirium.

Die Hohe Lehre, S 153

Hammer! Oder? Wo findest du so einen Satz in der großen weiten Welt der spirituellen Literatur? Was du zu lesen kriegst, sind Ratgeber zur Transformation der Gefühlswelt. Raus aus der Depression, der Resignation, der Frustration! Hin zu (möglichst) permanenter Glückseligkeit.

Eckart Tolle gibt dir Tipps zur Auflösung des Schmerzkörpers und Benoit behauptet dreist: *Unser gesamtes Gefühlsleben ist ein aus falschen Überzeugungen hervorgegangenes Delirium.*

Die Beschäftigung mit der Gefühlswelt gleicht dem Herumdoktern an Symptomen. Und deshalb hört das nie auf. Je mehr du dich mit deinen Gefühlen beschäftigst, je tiefer du eindringst in dieses Delirium, desto kraftvoller hat es dich am Wickel.

Energie fließt in die Richtung deiner Aufmerksamkeit. Das ist ein Gesetz wie die Schwerkraft. Je tiefer du in den Dschungel deiner Gefühle eindringst, desto schärfer muss die Klinge der Machete sein, mit der du dir den Weg durch diesen Dschungel bahnst. Und ein Ende ist nicht abzusehen.

„Da musst du eben durch!", sagt der Psychotherapeut, schärft jedoch nicht einmal deine Klinge. Er begleitet dich nur, besser: er marschiert hinterher und gibt dir Anweisungen. Tiefer, noch tiefer rein in die Gefühle! Und weine nur, wenn dir zum Weinen ist. All der Schmerz, der sich festgesetzt hat, muss raus. Erst dann hast du Frieden mit deinen Dämonen gemacht!

Und du glaubst dem Experten natürlich und arbeitest deine Vergangenheit auf. Anstatt besser geht's dir jedoch von Mal zu Mal schlechter. Wie anders? Die Energie folgt schließlich der Aufmerksamkeit.

Natürlich gibt's auch Therapeuten, die mit der Veränderung von Überzeugungen arbeiten. Ich gehörte als NLP-Master einst zu ihnen. Mit einem Modell – zum Beispiel Changing History oder Re-Imprinting – ging ich mit dem Coachee zurück in die Ausgangssituation, in welcher der Glaubenssatz ins Leben gerufen wurde, veränderte mit ihm zusammen genau dort mittels VAKOG[11] das Erleben und seine Ressourcen, so dass sich auch das dazugehörige Glaubenssystem verändern konnte.

Ich behaupte nicht, dass solche Operationen niemals gelingen! Um im Bild zu bleiben: Der Weg durch den Dschungel wird womöglich leichter. Die Durchquerung macht hie und da sogar Spaß. Doch du

---

[11] **VAKOG** ist eine Abkürzung für unsere 5 Sinneskanäle: **V**isuell, **A**uditiv, **K**inästhetisch, **O**lfaktorisch, **G**ustatorisch.

bleibst du auf dein Gefühlsleben fixiert. Und das ist letztlich eine Tragödie!

Wie bereits erwähnt: Mir ist mein Gefühlleben wurscht! Ich weiß schon, wie sich das in den Ohren derer, welchen ihr Gefühlsleben alles bedeutet, anhören muss! Und ich bin weit davon entfernt, es dir rauben zu wollen. Im Gegenteil empfehle ich: Tue alles, um es zu behalten! Motze es auf! Und wenn du Frust oder Angst oder Zorn erlebst, versuche auch mal, diese Emotionen nicht zu unterdrücken oder vor ihnen wegzulaufen.

Es geht mitnichten darum, Gefühle abzulehnen oder gar als wertlos zu betrachten. Solange die Blume der Emotion blüht, gibt's keinen Grund, sie nicht zu genießen oder gar ihre Blüte abzureißen.

Mir ist klar, wie widersprüchlich das klingt. „Was stimmt denn nun?", wirst du dich womöglich fragen: Ist die Aufmerksamkeit auf mein Gefühlsleben eine Tragödie oder ein Genuss? Und meine Antwort ist, wie so oft: beides!

Solange die Blume blüht, ist es ein Genuss. Wenn du aber versuchst, die Blüte am Leben zu erhalten, wenn sie verblüht, ist es eine Tragödie. Und ist das nicht deine Erfahrung?

Ach wie wundervoll war es, als ich sie/ihn kennenlernte! Wir schwebten! Es regnete Rosen! Wir dachten, unser Glück könnte nie enden! Und heute? Wir leben zwar noch zusammen, doch der Schmelz der ersten Liebe ist längst dahin.

Wie sollte es anders sein können? Jede Blüte verblüht! Das ist das Wesen der phänomenalen Existenz: Ständiger Wandel. Blühen und

Verblühen. Frühling, Sommer, Herbst und Winter. Und wenn du versuchst, im Winter Sommer zu erfahren, wirst du depressiv werden. Daran geht kaum ein Weg vorbei.

Jede Erscheinung meines Gefühlslebens ist die aus meiner Unwissenheit entstandene verfälschende Interpretation an sich vollkommen neutraler Phänomene.

Es gab eine Zeit, lange her, als ich mir fest vornahm, als Rentner ein halbes Jahr in Thailand zu verbringen. Ab November bis Ende April. Denn ich hasste das nasskalte Wetter in Deutschland und erlebte so manches Mal das, was man eine Winterdepression nennt. Es war jedoch nicht die Wetterlage, sondern meine Interpretation derselben, die mir den Herbst und den Winter in Deutschland „emotional" versauten.

Heute ist mir die Wetterlage egal! Scheint die Sonne, ist es hell und heiß. Scheint sie nicht, ist es grau in grau und kalt. Regnet es, werde ich nass, regnet es nicht, bleib ich trocken. Pfeift der Wind, bläst er mir ins Gesicht, ist es windstill, spüre ich den Wind nicht. Schneit es, ist die Wiese weiß, schneit es nicht, ist sie grün!

Vollkommen neutrale Phänomene! Stimmts oder habe ich recht? ☺

Dann aber gibt's da noch was, welches man Vorlieben und Abneigungen nennen könnte. Die sind zwar in jedem Menschen unterschiedlich, es gibt jedoch schon sowas wie ein Massenbewusstsein. Und das liebt eher eine Wetterlage, die man als schön, oder im Superlativ als zauberhaft bezeichnet, obgleich es natürlich Ausnahmen im Geschmack gibt.

Unsere Vorlieben und Abneigungen sind es, die vollkommen neutrale Phänomene interpretieren. Und ist mir das nicht klar, werden aus Interpretationen entsprechende Emotionen. Denn Information führt zu Emotion. Versteh mich nicht falsch: Ich behaupte mitnichten, man müsse sich das Interpretieren oder Bewerten abgewöhnen. Diese Lehre ist in spirituellen Kreisen recht populär. Aber Bullshit. Den Mind kümmert diese Lehre nicht, Bewertung und Interpretation gehören sogar zu seinen primären Aufgaben.

Mir muss lediglich (sonnen)klar sein, dass nicht die Phänomene als solche, sondern die Interpretationen derselben für meine emotionale Befindlichkeit sorgen. Zwar kann ich die Interpretationen nicht abstellen wie den Motor meines Rasenmähers, ich kann sie aber sehr wohl als Ursache meiner emotionalen Befindlichkeit durchschauen! Und ist das der Fall, sind sie in meiner Wahrnehmung ebenso irrelevant wie die wechselnde Wetterlage. Meine emotionale Fixierung endet genau hier und mit ihrem Ende endet auch das Delirium meines lediglich von Interpretationen bewegten Gefühlslebens.

Das Erkennen mich nicht erkennen zu können

Der Dualismus zwischen Yin und Yang, der Dank der Versöhnung des Tao die Welt regiert, ist im Menschen wie in jedem geschaffenen Ding zu finden. Der Mensch ist sich dieses Dualismus bewusst, und dieses Bewußtsein findet seinen Ausdruck in der Überzeugung, dass er aus zwei selbständigen Teilen zusammengesetzt sei, die er "Körper und Seele", „Stoff und Geist", „Instinkt und Vernunft" oder anders nennt. Der Glaube an eine solche zweigeteilte Konstitution zeigt sich in allen möglichen Redewendungen, wie z. B. „Ich bin Herr meiner selbst", „Ich kann mich nicht enthalten . . . ", „Ich bin mit mir zufrieden", „Ich bin mir böse" usw. Doch wir wissen, dass der Glaube an die Autonomie jener beiden Bereiche eine Täuschung ist. Es gibt keine zwei verschiedenen „Teile" beim Menschen, sondern nur zwei verschiedene Seiten eines einzigen Wesens. In Wirklichkeit ist ja der Mensch ein Individuum, das nur durch die irreführenden Erklärungsversuche der analytischen Betrachtungsweise künstlich geteilt wird. Der Irrtum der dualistischen Auffassung besteht nun nicht darin, dass wir zweierlei Aspekte bei uns unterscheiden — denn es gibt zwei verschiedene Aspekte — sondern darin, dass wir diese zwei verschiedenen Aspekte als zwei verschiedene Wesenheiten betrachten, von denen die eine vergänglich, die andere aber ewig wäre. Im Übrigen aber zeigt uns die Beobachtung gar nicht das Vorhandensein von zwei getrennten Bereichen, sie zeigt vielmehr, dass alles abläuft, als gäbe es diese zwei, durch eine Trennungslinie streng voneinander geschiedenen Bereiche. Nur unser unbelehrter Intellekt macht fälschlicherweise den Sprung von der Feststellung, „alles läuft ab, als ob" zu der irrigen Behauptung, dass es in uns tatsächlich zwei voneinander getrennte Bereiche gäbe.

In Wirklichkeit läuft alles so ab, weil wir daran glauben, dass es so sei, oder genauer, weil unser universales Bewußtsein im Schlummer liegt, welches allein imstande ist, uns unsere wahre innere Einheit zu offenbaren. Ein Bild wird uns helfen, diese Frage zu verstehen. Von seinen beiden „Teilen" sieht der Mensch den einen als niedrig, triebhaft, affektbestimmt, motorisch, irrational an, den andern als überlegen, vernünftig, führend und fähig zu bestimmen, was der niedrige Teil ausführen soll. Das bedeutet, dass er sich als einen Reiter sieht, der auf einem Pferd sitzt.

Die Hohe Lehre, S 155

Daher „verlässt" beim Tod nicht die Seele den Körper. Der gesamte KörperGeistOrganismus wird vielmehr aus dem Spiel des Bewusstseins „entlassen". Ähnlich wie bei einem Schachspiel: Eine Figur wird „geschlagen" und verlässt daraufhin das Spielfeld.

Alle Figuren, die auf dem Spielfeld erscheinen, sind „im Spiel". Alle Figuren, die nicht mehr erscheinen, sind logischerweise nicht mehr „im Spiel". Übrig bleibt, selbst dann, wenn keine Figur mehr im Spiel ist, das Schachbrett mit seinen (zumeist) braun-weißen Quadraten.

Die braun-weißen-Quadrate sind eine treffliche Metapher auf die Dualität, ohne die das Lebensspiel nicht stattfinden könnte. Wäre da nur eine einfarbige Fläche, wäre es völlig unmöglich, Schach miteinander zu spielen. Dualität existiert daher allein deshalb, um spielen zu können. Ohne Kontraste existierte überhaupt keine Welt.

Die verschiedenfarbigen Quadrate vermitteln den Eindruck der Getrenntheit, in Wahrheit jedoch bedingen sie einander. Jedoch nur für das Spiel. Denn es ist leicht zu verstehen, dass die Quadrate auf das eine Brett gemalt und in keiner Weise voneinander getrennt sind.

Bewusstsein ist eines, es gibt keine zwei, doch in dem, was in ihm erscheint, ist nichts nicht-zwei. Hier bin ich, dort erscheinst du. Ich schreibe, du liest. Hier sind meine Finger, dort die Tasten, auf die sie rhythmisch einhämmern. Und dieses Prinzip macht natürlich nicht halt bei dem, was wir das Individuum nennen. Es scheint so zu sein, dass es aus Geist und Körper besteht. Und dem ist nicht zu widersprechen. Jedoch ebenso, wie die verschiedenfarbigen Kästchen auf dem Schachbrett einander bedingen, um das Schachspiel spielen zu können, bedingen sich Geist und Körper, um das Spiel menschlichen Daseins spielen zu können. Man kann Geist und Körper also sehr wohl unterscheiden, trennen kann man die beiden Aspekte jedoch nur, wenn man blind ist für deren Einheit oder besser ihre Nicht-Zweiheit[12]. Denn ihre vermeintliche Verschiedenartigkeit ist ja nur für das Spiel relevant.

Das Schachbrett ist freilich nur eine Metapher, denn es ist wie die Figuren auch ein Objekt. Das, worin sich das Lebensspiel spielt, ist kein Objekt. Und aus diesem Grund nicht (auf)findbar. Wer daher glaubt, sich selbst gefunden zu haben, unterliegt einer Täuschung. Bewusstsein kann sich nicht finden, weil es nicht erscheint. Was (scheinbar) existiert, ist Erscheinung. Was nicht erscheint, existiert nicht.

---

[12] Nicht-Zweiheit im Sanskrit: Advaita.

Ich kann mich nicht erkennen, weil ich essentiell nicht bin, was erscheint. Was jedoch möglich ist und gleichzeitig das Ende spiritueller Suche, **ist das Erkennen, mich nicht erkennen zu können.** Das klingt komplizierter, als es in Wahrheit ist. Denn die Wahrheit ist einfach. Was sie kompliziert macht, ist unser objekthaftes Denken, das sich ohne Objekt – und sei es Bewusstsein – vollkommen verloren erscheint.

Doch dieser Verlust „erscheint" nur als ein solcher. In Wahrheit macht er nur offenbar, was Wirklichkeit ist. Mich gab es noch nie und mich kann's auch nicht geben. Was wir als Bewusstsein bezeichnen, ist nichts was man anfassen, berühren, fühlen, erkennen kann. Sonst wäre es ja ein Objekt. Nur Objekte sind (er)kennbar.

Daher ist das Erkennen, mich <u>nicht</u> erkennen zu können, das abrupte und irreversible Ende der spirituellen Suche. Es ist jedoch alles andere als ein unbefriedigendes Ende. So, als müsste sich ein Goldgräber eingestehen, dass er dort, wo er während vieler mühevoller Jahre nach Gold schürfte, kein reicher Mann werden konnte, sondern im Gegenteil ärmer wurde, als er es zuvor war.

Nein, das Erkennen, mich nicht erkennen zu können, lässt eine Zentnerlast von meinen Schultern fallen, die mir die Suche nach dem Sinn des Lebens, nach Gott, nach der Wahrheit, nach mir selbst, womöglich über Jahre und Jahrzehnte hinweg aufbürdete. Die Frage „Wer bin ich?" löst sich in Wohlgefallen auf. Nicht etwa deshalb, weil ich endlich wüsste, wer ich bin, sondern weil ich nun weiß, dass ich nicht bin. Und dass das Empfinden „ich bin" lediglich eine Notwendigkeit darstellt, um im Spiel des Lebens als eine von vielen Milliarden und Myriaden Figuren erscheinen zu können.

Im Nichterkennen meiner Erkennbarkeit erkenne ich darüber hinaus die Unverwüstlichkeit meiner Nichtexistenz. Wow, welch eine grandiose Erkenntnis! Und nicht allein das. Ich erkenne nun auch die Unverwüstlichkeit aller Objekte!

Weder hast du nicht richtig gelesen, noch habe ich falsch geschrieben! Objekte können nur von der Bildfläche verschwinden. Wie nach einem Film, den du dir angesehen hast, den du dir jedoch wieder und wieder ansehen kannst, weil der Film im Archiv steht.

Vergangenheit, Gegenwart, Zukunft werden nur deshalb linear erlebt, weil das, was sozusagen zeitlose Wirklichkeit ist, nur als zeitlicher Ablauf „erlebt" werden kann. Alle Geschehnisse sind jedoch schon geschehen, bevor sie geschehen. Und sie sind aus demselben Grund auch nicht weg, nachdem sie geschahen!

Versuche erst gar nicht, das zu verstehen. Höre nur auf deine innere Stimme, die es bestätigen wird. Denn du bist die Wahrheit. Selbst wenn sie sich noch vor sich selbst verbirgt, um ihr skrupelloses Spiel mit sich selbst spielen zu können, vermag sie sich nicht selbst zu verleugnen.

Exekution

Ich habe für mich selbst herausgefunden, dass es kein Selbst gibt, das man erkennen kann – das ist die Erkenntnis, von der ich spreche!!! Sie kommt als ein Vernichtungsschlag. Sie trifft einen wie ein Blitzstrahl. Man hat alles in eine Sache – die Selbsterkenntnis – investiert, nur um am Ende plötzlich herauszufinden, dass es kein Selbst zu entdecken gibt – da sagt man sich doch: „Was zum Teufel habe ich nur mein ganzes Leben lang getan?!" Das erschlägt einen.

UG Krishnamurti

Die letzte Sackgasse

Wie wir wissen, ist das Satori nicht die Krönung eines letzten Sieges, sondern eines letzten Scheiterns. Wenn wir alle Anstrengungen, alle Übungen, die wir fähig glaubten, uns zu befreien, erschöpft haben, taucht das Bewußtsein in uns auf, immer frei gewesen zu sein. Wenn auch die verschiedenen Disziplinen keine „Wege" sind, die schließlich in das Satori münden, so will das noch nicht heißen, dass es nicht Wege wären, denen man folgen sollte. Es sind Wege, die in Sackgassen enden, und diese Sackgassen wieder enden alle in der einzigen endgültigen Sackgasse. Und doch muss man ihnen folgen, gerade weil das Satori nicht erreicht werden kann, ohne dass wir in jener endgültigen Sackgasse gelandet wären. Man muss ihnen folgen mit der theoretischen Einsicht, dass sie nirgendwohin führen, so dass dann die Erfahrung diese theoretische Einsicht in eine durchgängige verwandeln kann, in jene klare Erkenntnis, durch welche die Ankunft in jener letzten Sackgasse bezeichnet wird und die uns dem Satori zu öffnen vermag.

Die Hohe Lehre, S 160

„Die hohe Kunst des Scheiterns" – so einen Buchtitel gibt es tatsächlich, der Inhalt befasst sich jedoch nicht mit unserem Thema. Scheitern kann man nicht lernen. Auf keinem Gebiet unseres Lebens. Schon weil unser Organismus auf Überleben, auf Erfolg, auf Sieg programmiert ist.

Keine Fußballmannschaft spielt, UM zu verlieren. Kein Manager tritt seinen Job an, UM möglichst viele Misserfolge zu produzieren. Und ebenso ist's auf dem Feld der Spiritualität. Keiner beginnt zu meditieren, UM nach Jahren der Disziplin festzustellen, dass er komplett versagt, die Erleuchtung nicht erreicht hat.

Was immer du anstellst, um sie zu erreichen, erleuchtet wirst du nie werden! Warum? Nun, weil du schon bist, was du suchst. Wenn du das aber hörst oder liest, könntest du auf die verwegene Idee kommen, deine Bemühungen um die Erleuchtung fallen zu lassen. „Also, wenn ich schon bin, was sich suche, warum zum Teufel sollte ich dann noch überprüfen, ob ich denke oder ob ich gedacht werde?! Wieso sollte ich weiterhin Bücher wie dieses Buch lesen und zu verstehen versuchen, worauf sie verweisen?

Diese Frage klingt außerordentlich logisch. Wieso gelingt es dem Hardcore-Sucher dennoch nicht, die Suche zu stoppen? Wieso melden sich eine ganze Reihe meiner Leser einige Wochen oder Monate nach der Kündigung ihres Texte-Abos wieder an?

Der Grund klingt bescheuert, entspricht jedoch der Erfahrung: du bist noch nicht vollends gescheitert[13]. Anders formuliert: Du befindest dich noch im Stadium „unvollendeten Scheiterns".

Aus der Sicht einer Raupe ist das Schlüpfen des Schmetterlings deren vollendetes Scheitern. Bevor sie sich verpuppt, futtert sie sich groß und fett, ist allerlei Gefahren eines frühzeitigen Todes ausgesetzt, schließlich verpuppt sie sich auch noch, indem sie total bewegungslos an einem Ast hängt, und als Dank für all ihre Mühen wird sie abgestreift wie ein alt und zu eng gewordenes Kleid.

---

[13] Natürlich gibt es auch eine ganze Reihe von Lesern, die das letztendliche Scheitern hinter sich haben und dennoch nicht auf die Texte verzichten wollen.

Doch an den Bemühungen der Raupe geht kein Weg vorbei, wenn das Ziel – der Schmetterling – erreicht werden soll! Das mühevolle Leben der Raupe ist notwendig und sogar unerlässlich. Jedoch nur, um am Ende zu scheitern. So sieht es zumindest aus Raupensicht aus.

Warum also liest du ein Buch wie dieses? Es nährt dich, es gibt dir Kraft. Es macht dich dick und fett! Bis zu einem Punkt, an dem du nicht mehr weißt, was du noch tun sollst. Überprüft hast du dich schon bis zum Erbrechen. Deiner vollautomatischen Funktionen bist du dir gewahr. Mehr geht nicht. Also hängst du nur noch am Ast und bemerkst, dass du immer bewegungsloser wirst. Nichts mehr tun kannst. Nichts mehr tun willst. Selbst das Lesen meiner Abo-Texte erscheint dir nicht mehr so genussreich wie zu Beginn. *Mein Gott, ja, schon inspirierend, aber letztlich ja doch nur immer dasselbe!* Manchmal warst du kurz vor der Kündigung, aber irgendetwas in dir hat es verhindert. So eine Art Grundversorgung schien dir dennoch recht nützlich.

Ein Zustand wie der eben beschriebene ist symptomatisch für die Verpuppung. Nichts geht mehr. Nun möchte ich dir natürlich am liebsten zurufen: Sei dankbar! Sei froh! Der Schmetterling ist knapp davor sich zu entfalten! Weil ich aber weiß, dass dies nur ein müdes Schulterzucken bei dir auslösen würde, lass ich es besser! ☺

Das Ende des Raupendaseins ist keine angenehme Erfahrung. Wer scheitert schon gern? Und dann auch noch „vollends"! Die Erfahrung ist jedoch unvermeidbar. Und solltest du zu den Menschen gehören, die diese Phase nicht erlebt haben, bevor sie spirituell zu suchen aufhörten, hat sie sich in einem Vorgängerleben ereignet und entfaltete sich wie eine Knospe, sozusagen über Nacht plötzlich zur Blüte.

In Sackgassen zu laufen, die man natürlich erst am Ende der Gasse als solche erkennt, fördert das Scheitern und da es nun mal das Ende der Suche markiert, lässt es sich nicht vermeiden. Immer wieder schöpfte ich Hoffnung, dass genau diese Methode der „Bringer" wäre! Und ja, ich irrte mich nicht. Jede neue Methode und neue Philosophie „brachte" mich ein Stück näher ans Ziel. Doch das Ziel war nicht die Ekstase, nicht permanente Glückseligkeit, sondern das Scheitern.

Scheitern ist das Ziel jedes Raupenlebens! Denn ohne ihren Tod hat der Schmetterling keine Chance, farbenprächtig durch die Lüfte zu segeln. Wobei wir nicht übersehen sollten, dass das Leben der Raupe und das des Falters absolut gleichwertig sind. Denn ohne Raupe kein Falter.

Die Erfolgsspur des Scheiterns

Wo die Zenlehre von einem in der Zeit sich ereignenden Satori spricht, wo sie z.B. sagt: „Das Satori kommt unerwartet, es kommt dann, wenn alle sonstigen Möglichkeiten unseres Wesens erschöpft sind, da spricht sie nicht etwa von dem zeitlosen Satori-Zustand, sondern von dem Augenblick, da wir uns bewusst werden, dass wir uns in diesem Zustand befinden, oder noch besser: von dem Augenblick, da wir aufhören, zu glauben, dass wir außerhalb dieses Zustandes lebten.

Diese Unterscheidung zwischen dem Satori-Zustand und dem Satori-Ereignis ist überaus wichtig. Wenn ich allein den Satori-Zustand sehe, so verfalle ich dem Fatalismus. Blicke ich allein auf das Satori-Ereignis, so verfalle ich dem geistigen Ehrgeiz, der brennenden Forderung nach absoluter Verwirklichung, und diese falsche Einstellung kettet mich gerade an jene Illusion, die die Ursache meiner Angst ist. Die merkwürdige Tatsache, dass das Satori-Ereignis, sobald es sich vollzogen hat, von uns nicht mehr als solches gesehen wird, macht es zu einem in seiner Art einzigen Ereignis. Der bewusst im Satori lebende Mensch hat nicht länger das Gefühl, vom Bereich des Nicht-Zeitlichen ausgeschlossen zu sein. Ganz im Nicht-Zeitlichen lebend und darum wissend, unterscheidet er nicht mehr zwischen einer Vergangenheit, in der er geglaubt hatte, außerhalb des Satori zu leben, und einer Gegenwart, in der er bewusst darin lebt. Das soll nicht etwa heißen, dass ein solcher Mensch die Erinnerung an die Zeit vor dem Satori-Ereignis verloren hätte.

Die Hohe Lehre, S 175

Ein guter Lehrer sagt dir: *Du bist das! Und wie willst du etwas erreichen, was du schon bist? Völlig unmöglich.* Und ist der Schüler ein Dummkopf (wofür er freilich nichts kann), wird er diese Worte aufnehmen wie einen Energydrink. Er hört auf zu suchen. Und für eine Weile wird er sich fühlen wie Hans im Glück. Das nennt man Fatalismus.

Und die andere Sorte spiritueller Sucher reagiert auf den Satz „Du bist das!" mit Unglauben. *Für andere mag das schon gelten, vor allem für den Lehrer natürlich, ich aber muss erst noch begreifen, was damit gemeint ist. Ich bin noch längst nicht so weit, ich muss erst noch meine Traumata bearbeiten, ich muss meinen emotionalen Wahnsinn aufarbeiten, gedankenlos werden, in vollkommener Stille verharren, dann erst wird für mich wahr, was wahr ist!* Diese Beschreibung charakterisiert den zweiten Typus, den Benoit skizziert.

Beide reagieren lediglich so, wie sie reagieren müssen. Keiner kann anders reagieren als so, wie er reagiert. Keinem von beiden ist daher ein Vorwurf zu machen.

Keine der beiden Reaktionen ist Voraussetzung für das, was im Zen Satori und im Advaita Erleuchtung genannt wird, was UG Krishnamurti „Vernichtungsschlag" nannte und was ich am liebsten als Desillusionierung oder als noumenale Erleuchtung bezeichne. Ja, es ist ein Ereignis, doch der Zustand, den dieses Ereignis bewirkt, ist keiner, der nicht zuvor bereits Wirklichkeit wäre.

So paradox, wie diese Aussage zunächst auf unseren Mind wirkt, ist sie aber nicht. Der Herr Professor, der im Jahr 2017 an der Harvard-Universität lehrt, stand zwar 20 Jahre vorher nicht vor seinen

Studenten am Pult, dass er aber dort stehen würde, war ihm schon vor seiner Geburt bestimmt. Und dasselbe Prinzip sorgt für Satori. Nicht wegen deiner Suche, sondern trotz derselben geschieht es. Denn wir suchen dort, wo wir immer nur nichts finden können. Im Phänomenalen. Also in Erkenntnissen und fühlbaren Zuständen. Das ist aber völlig normal. Das ist nichts, was abwegig genannt werden könnte, obgleich es völlig abwegig ist.

Du bewegst dich jedoch auf der Erfolgsspur! Zu 100 Prozent. Nur ist es eben die Erfolgsspur des Scheiterns. Und insofern ist die Figur „Hans im Glück" trotz oder im Grunde sogar wegen seiner Dummheit eine recht gute Metapher für die Erfolgsspur des am Ende krachenden Scheiterns.

Zunächst erhielt er von seinem Herrn als Lohn für seinen Dienst ein Stück Gold, so groß wie sein Kopf, den tauschte er jedoch gegen ein Pferd ein, als ihm das Tragen des Goldklumpens zu mühsam wurde. Das Pferd warf ihm jedoch im Galopp ab und so tauschte er es für eine Kuh ein, auf der er gemütlich dahintraben konnte und die ihm darüber hinaus Milch liefern würde. Dachte er, denn die Kuh lieferte keine, weil es sich um ein altes Tier handelte. Und so tauschte er die Kuh bei einem vorbeikommenden Metzger gegen ein Schwein, das wiederum gegen eine Gans, die dann gegen Wetzsteine bei einem Scherenschleifer ein, weil eine Gans schließlich keinen Profit bringen würde. Und das Ende der Geschichte geht so:

Hans lud den Stein auf und ging mit vergnügtem Herzen weiter; seine Augen leuchteten vor Freude, 'ich muss in einer Glückshaut geboren sein' rief er aus, 'alles, was ich wünsche, trifft ein, wie einem

Sonntagskind.' Indessen, weil er seit Tagesanbruch auf den Beinen gewesen war, begann er müde zu werden; auch plagte ihn der Hunger, da er allen Vorrat auf einmal in der Freude über die erhandelte Kuh aufgezehrt hatte. Er konnte endlich nur mit Mühe weitergehen und musste jeden Augenblick haltmachen; dabei drückten ihn die Steine ganz erbärmlich. Da konnte er sich des Gedankens nicht erwehren, wie gut es wäre, wenn er sie gerade jetzt nicht zu tragen brauchte. Wie eine Schnecke kam er zu einem Feldbrunnen geschlichen, wollte da ruhen und sich mit einem frischen Trunk laben; damit er aber die Steine im Niedersitzen nicht beschädigte, legte er sie bedächtig neben sich auf den Rand des Brunnens. Darauf setzte er sich nieder und wollte sich zum Trinken bücken, da versah er's, stieß ein klein wenig an, und beide Steine plumpsten hinab. Hans, als er sie mit seinen Augen in die Tiefe hatte versinken sehen, sprang vor Freude auf, kniete dann nieder und dankte Gott mit Tränen in den Augen, dass er ihm auch diese Gnade noch erwiesen und ihn auf eine so gute Art, und ohne, dass er sich einen Vorwurf zu machen brauchte, von den schweren Steinen befreit hätte, die ihm allein noch hinderlich gewesen wären. 'So glücklich wie ich' rief er aus, 'gibt es keinen Menschen unter der Sonne'. Mit leichtem Herzen und frei von aller Last sprang er nun fort, bis er daheim bei seiner Mutter war.

Was für ein Dummkopf, möchte man sagen. Wir sind jedoch alle Dummköpfe. Selbst die intelligentesten unter uns. Ich zitiere wiederum den genialen UG Krishnamurti: *Man hat alles in eine Sache – die Selbsterkenntnis – investiert, nur um am Ende plötzlich herauszufinden, dass es kein Selbst zu entdecken gibt – da sagt man sich doch: „Was zum Teufel habe ich nur mein ganzes Leben lang getan?!"*

Wir tauschten ein (metaphysisches) Objekt gegen ein anderes ein, scheiterten auf ganzer Linie und hatten am Ende der Erfolgsspur des Scheiterns überhaupt nichts mehr in den Händen. Nichts zum Vorzeigen. Nichts um Handel zu treiben. Jedoch auch nichts mehr, was uns beschwerte. Nichts, was uns hinderlich wäre.

Hans war schon Hans im Glück, bevor er seinen Nachhauseweg antrat. Was ihm dazwischenkam, waren einzig nur „Dinge", die er zunächst als wertvoll und schließlich – wie das bei allen Dingen der Fall ist – nur noch beschwerlich oder hinderlich fand. Sie waren jedoch notwendig, um den Beweis zu erbringen, dass kein Ding zu ersetzen vermag, was ich bin, bzw. nicht bin.

Solution

Auch wenn du dir einredest, dass du durch die Lösung deines Problems dem Kreislauf von Leben und Tod entfliehen kannst, so ist diese Lösung, an die du denkst, doch nur eine Lösung innerhalb deiner Gedanken, und der Gedanke, das Problem von Leben und Tod lösen zu wollen, ist selbst nicht mehr als ein Bestandteil des Problems an sich.

Kodo Sawaki

Am „Ort der Ruhe" ist Finsternis wie das Licht

Für meine Suche nach dem „verlorenen Paradies" ist es verhängnisvoll, dass ich mir den Schlüssel als etwas vorstellen muss, was mir schon begegnet ist, oder was wenigstens von der gleichen Art ist, wie alles, was ich sonst kenne, auch wo es mir noch nicht konkret begegnet ist. Selbst wenn ich den Schlüssel nicht in festumrissener, gestalthafter Art vor mir sehe, so stelle ich mir meine Rückkehr ins verlorene Paradies doch als einen vollkommen glücklichen inneren Zustand vor, der den glücklichen Zuständen gleichen mag, die ich schon erlebt habe. Die „natürliche" Richtung meiner Sehnsucht liegt notwendigerweise auf der horizontalen Ebene des zeitgebundenen Dualismus. Sie strebt nicht nach etwas Neuem, nach etwas, was diese Ebene durchbricht, sondern nach einer Verbesserung innerhalb der Grenzen des mir schon Bekannten.

Nun liegt aber hierin ein handgreiflicher Irrtum: denn ich erwarte von einer Verbesserung das Vollkommene. Keine Verbesserung von etwas Unvollkommenem, und sei sie noch so umfassend, wird aber je Vollkommenheit erreichen. Keine „Entwicklung" und kein „Fortschritt" führt zu dem Ort, den der Zen-Buddhismus als „Ort der Ruhe" bezeichnet. Auch müssen wir beachten, dass unsere Sehnsucht, sofern sie sich auf den Gegensatz Zufriedenheit-Unzufriedenheit, Freude-Schmerz richtet, kein Recht hat, die Auflösung dieses Dualismus zu erwarten, der allein im Tao Versöhnung finden kann. Die auf dieses Gegensatzpaar gerichtete Sehnsucht kann ja nur wieder die beiden Pole ihrer Zweiheit herbeirufen. Je stärker meine Sehnsucht ist, desto stärker wird meine innere Gespaltenheit, gleichviel, ob ich mir ihrer bewusst werde oder nicht. Wenn ich nach dieser Quelle dürste, so werde ich nur Salzwasser trinken, das den Durst nach einem kurzen Augenblick vermeintlicher Stillung von neuem wieder steigert. Der Mensch, der das „wahre Leben" innerhalb der Welt der Erscheinungen, innerhalb der ihm vertrauten Welt erwartet, wird bis zu seinem Tode vergeblich darauf warten.

Die Hohe Lehre, S 170-171

Und deshalb ist die Vorstellung nach dem Satori oder dem spirituellen Erwachen oder der spirituellen Erleuchtung in permanenter Glückseligkeit zu lustwandeln, eine der wohl größten Hindernisse, das zu entdecken, was ich zuvor schon bin, bzw. nicht bin, was daher nie anwesend oder abwesend war, was ich nie verlieren, jedoch ebenso wenig gewinnen kann.

Was ich bin, bzw. nicht bin, befindet sich jenseits des Dualismus, in welchem ich Glück und Unglück, Freude und Schmerz, Euphorie und Frustration, Gerechtigkeit und Ungerechtigkeit erfahre und was sich nie, nie, nie ändern wird und ändern kann.

Solange sich Bewusstsein (nur) auf der linearen Linie befindet oder auf der linearen Ebene mit sich selbst spielt, sind wir unfähig uns das, was Zen als „Ort der Ruhe" bezeichnet, anders als jene lineare Linie von der Traurigkeit zur Freude vorzustellen. Glücklichsein assoziieren wir mit einem der Zustände, wie sie unser emotionales Gedächtnis aus der Vergangenheit liefert. Weil wir jedoch zumeist den Zustand des Glücklichseins, wie wir ihn kennen, nicht erleben, nehmen wir an, den permanenter Glückseligkeit noch nicht zu kennen.

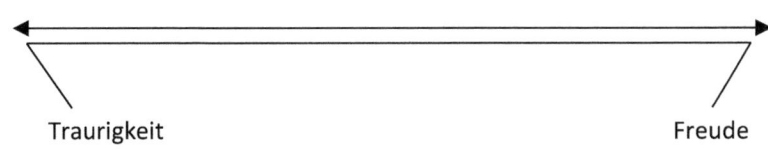

Traurigkeit   Freude

Dabei kennst du nichts besser als das, was du bist, bzw. nicht bist. Und zwar weil du es immer schon warst und nie etwas anderes sein kannst. Alle Gefühle, die du erlebst, kannst du nur erleben, weil es dich gibt, bzw. nicht gibt. Alle Erfahrungen kannst du nur machen, weil sie schon gemacht wurden.

Grundlegendes Existenzempfinden nennt Benoit (an anderer Stelle) das, was unter allen Umständen, hinter allen emotionalen Schwankungen vorhanden ist, wenngleich es auch nicht in jeder Situation oder Emotion realisiert werden kann. Es scheint sich sogar so weit von sich selbst entfernen zu können, dass es überhaupt nicht mehr vorhanden zu sein scheint (Bsp.: Mein Gott, mein Gott, warum hast du mich verlassen!). Der Grund liegt jedoch allein darin, dass Bewusstsein sozusagen vor sich selbst verschmitzterweise Reißaus nimmt, um sich scheinbar gänzlich losgelöst von sich selbst in Erfahrungswelten begeben zu können, die es ohne diese Fluchtbewegung nicht in Erfahrung bringen könnte.

Bewusstsein kann sich so weit wie nur irgend möglich von sich selbst entfernen, weil es sich in Wahrheit niemals von sich selbst entfernt und entfernen kann. Weder in höchsten Himmelshöhen noch in tiefsten Höllen kann es etwas anderes sein, als Bewusstsein. Zur

Veranschaulichung: Ein Gummiband, das so weit wie nur irgend möglich auseinandergezogen wird, bleibt dennoch immer ein Gummiband.

So ein „Wirklichkeitslichtblick" ließ folgenden Psalm entstehen:

Von allen Seiten umgibst du mich und hältst deine Hand über mir. Diese Erkenntnis ist mir zu wunderbar und zu hoch, ich kann sie nicht begreifen. Wohin soll ich gehen vor deinem Geist, und wohin soll ich fliehen vor deinem Angesicht? Führe ich gen Himmel, so bist du da; bettete ich mich bei den Toten, siehe, so bist du auch da. Nähme ich Flügel der Morgenröte und bliebe am äußersten Meer, so würde auch dort deine Hand mich führen und deine Rechte mich halten. Spräche ich: Finsternis möge mich decken und Nacht statt Licht um mich sein, so wäre auch Finsternis nicht finster bei dir, und die Nacht leuchtete wie der Tag. Finsternis ist wie das Licht[14].

Die Substanz, die Essenz dessen, was du bist,
verändert sich nie auch nur um ein Jota!

Vollkommen unabhängig von dem, was du als Mensch(lein) erlebst. Und das, was unter allen Umständen unabhängig bleibt, mag man Bewusstsein nennen. Oder Gottt. Oder Brahman. Oder schlicht DAS. Oder OH. Oder AH(A). Oder unwörterbar.

Im *grundlegenden Existenzempfinden*, ja, so könnte man es bezeichnen, ist man sich dessen bewusst, dass das Wort „Existenzempfinden" in diesem Kontext nicht auf ein „Gefühl" deutet.

---

[14] Psalm 139

Schon gar nicht auf ein glückseliges. Wollte man es in Worte kleiden, könnte man lediglich sagen: Ich existiere. Aber spricht man es aus, klingt es nutzlos. Und dämlich.

Nur für den (determiniert) Dämlichen allerdings. Nicht für all jene, die *gefühlte* 1000 Inkarnationen spiritueller Suche hinter sich haben und es nach der Suche absolut lächerlich finden, sich so unendlich lange mit physischen und metaphysischen Objekten abgequält zu haben, die sie nur in die (determinierte) Irre und immer weiter in die (determinierte) Irre führten.

Doch genau diese Irrtümer kann sich DAS leisten. Nicht nur *ein* Labyrinth, sondern unendlich *viele* zu erkunden. Manchmal sogar mittendrin in einem stecken zu bleiben und den Abgang zu machen.

Was sollte der Sinn der Manifestation des Unendlichen sein, wenn nicht die Erkundung seiner unendlichen Möglichkeiten, scheinbar zu sein? Gänzlich selbstvergessen freilich. Denn wie anders als mit äußerster Selbstvergessenheit sollte es denn sonst die höchsten Himmelshöhen und tiefsten Höllenwinkel entdecken können?

Fühlst du dich gerade verloren, abgehängt, besiegt, unterlegen, einsam? Steckst du in einem der Gänge des Labyrinths fest und siehst keinen Ausweg? Am liebsten würde ich dir zurufen: Praise the Lord! Da ich weiß, wie sich das in deinen geplagten Ohren anhören muss, unterlasse ich es. Denn es klingt wie Verhöhnung, nicht wahr? Ist aber keine, sondern schlicht die Erinnerung an DAS, was die Erfahrungen macht. DAS bist du und nicht die Erfahrung, so gerecht oder ungerecht sie dir auch erscheinen mag!

Was ich bin ist unkaputtbar

Doch in dem Maße, als mein Verständnis durch die richtige Unterweisung geweckt wird, vollzieht sich in mir eine Veränderung. Ich beginne zu begreifen, dass meine angeborene, unbegrenzte Sehnsucht von der Erscheinungswelt nichts zu erwarten hat, selbst dann nicht, wenn ich deren höchste und weltumfassende Stufe vor Augen habe. Während ich das, was ich seit eh und je erwarte, bisher fälschlicherweise in dieser oder jener Vorstellung verkörpert sah, begreife ich nun, dass es nichts anderes als das Satori der Zenlehre ist.

Ich begreife, dass dieses Satori nicht als eine Verbesserung dessen, was mir jetzt und hier vertraut ist, aufgefasst werden darf, so kühn ich mir diese auch denken mag. Es kann nicht in der Aufhebung eines unaufhebbaren Dualismus bestehen, kann nicht die stufenweise Läuterung von etwas „Gutem" sein, dass reingewaschen würde von allem Bösen. Es ist vielmehr der Zugang zu „etwas", was über allem Dualismus steht und was diesen Dualismus aufhebt in einer Art Dreieinigkeit. Natürlich bin ich außerstande, mir dieses "Etwas" vorzustellen, ich muss hinnehmen, dass es sich jeder Vorstellung oder Verbildlichung entzieht, dass es seiner Natur nach vollkommen verschieden ist von allem, was ich bis heute kenne.

Die Hohe Lehre, S 172

Warum es nicht vorstellbar ist? Weil es das ist, was ich bin! Immer war. Immer sein werde. Vor der Geburt. Während der Geburt. Nach der Geburt. Nach dem, was man Tod nennt. Was ich bin, ist nämlich „unkaputtbar"! Erfahren jedoch kann ich es nicht! Und genau das ist die Falle, in der wohl jeder spirituell Suchende tappt. *Etwas so Großes muss doch erfahrbar sein!* Nein, dafür ist es viel zu gewöhnlich. Oder anders formuliert: Seine Außergewöhnlichkeit ist seine Gewöhnlichkeit! Ich hätte natürlich auch „deine" oder „meine" Außergewöhnlichkeit schreiben können. Obgleich es weder deine noch meine gibt.

Es gibt nur das, was du bist. Jedoch ist das, was du wirklich bist, das, was du nicht bist. Das, was zu sein meinst, und sei es das Selbst, ist die Illusion dessen, was sich so gebärdet, als könnte es sein! Das ist nicht so schwer zu verstehen, wie du womöglich im ersten Augenblick glaubst!

Wir schauen uns an, entweder im Spiegel oder von der Brust an bis runter zu den Füßen. Und denken automatisch: Das bin ich! Versuche ich aber den zu erkennen, der sich entweder im Spiegel oder von der Brust abwärts bis zu den Füßen wahrnimmt, muss ich passen. Es sei denn, ich wäre ein Ignorant und würde daher behaupten: *„Ich" erkenne mich! Wer denn sonst?* Denn, wie erklärst du dir denn, dass du zwar deine Augen im Spiegel zu sehen vermagst, aber niemals den, der sie benutzt. Den, der sieht, bleibt (dir) verborgen! Du kriegst ihn einfach niemals zu fassen oder zu sehen oder zu greifen.

Wenn du dich aber fragst: „Wer sieht denn dann?" musst du dir eingestehen, dass du nicht zu erkennen und zu definieren vermagst, wer das, was angesehen wird, überhaupt ansieht.

Und da es auf diese Fragen nur eine Antwort geben kann, nämlich „Keiner" oder „Niemand", ist die einzig mögliche und logische Definition „meiner selbst" die, die dir vielleicht schwierig zu verstehen zu sein schien: *Es gibt nur das, was ich bin. Jedoch ist das, was ich bin, das, was ich nicht bin. Das, was ich zu sein meinte, und sei es das (Höhere) Selbst, ist die Illusion dessen, was sich so gebärdet, als könnte es sein!*

Das was ich nicht bin, nicht sichtbar, fühlbar oder objektivierbar, muss das sein was ich bin, weil ohne das was sieht, bzw. wahrnimmt, gar nichts existierte und existieren könnte. Ohne das, was sieht – wie sollte es da Gesehenes geben? Weil jedoch das, was sieht, ist, was ich wirklich bin, muss das Gesehene genau das sein, was (es) sieht. Wobei das Gesehene freilich nur Gesehenes bleibt, denn substantiell ist es das, was ich bin, und da ich nicht bin, kann folglich das Gesehene ebenso nicht sein. Hurra, denn nun ist völlig klar, dass es nichts als nur Illusion ist. Ein Sehen von Dingen, die in Wahrheit das sind, was sie sieht. Und die verschwinden, sobald keiner (sie) sieht. Und da ist dann die Dreieinigkeit, wie Benoit sie bezeichnet, nicht die allerdings von Vater, Sohn und Heiligem Geist, sondern die von Nondualität und der Dualität.

Das, was sieht oder wahrnimmt

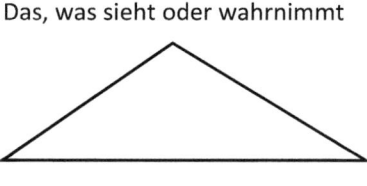

Das, was wahrgenommen wird

(Hab am besten bei den weiteren Ausführungen das Dreieck vor Augen)

Was wahrgenommen wird, kann nur dual sein, weil ohne Kontraste bzw. Gegensätze nicht(s) wahrgenommen werden kann. Was wahrgenommen wird, wäre jedoch ohne wahrgenommen zu werden, gar nicht vorhanden. Und somit ist klar, dass das, was wahrnimmt, das ist und das sein muss, was wahrgenommen wird. Jedoch nur in Erscheinung, nicht in der Essenz. In der Essenz ist es nicht und wird nie etwas anderes als nicht sein.

Da diese Drei-Einigkeit jedoch nichts ist, was „wird", sondern IST, bin ich es, bzw. muss ich es sein. Wie sollte etwas passieren, was bereits passiert, besser noch IST. Wie sollte meine Sehnsucht nach etwas, das (noch) nicht ist, erfüllt werden können? Die Sehnsucht besteht ja nur deshalb, weil das, was wahrnimmt, sich in dem Wahrgenommen verlor. Nur scheinbar natürlich, denn ohne dass es wahrnimmt, worin es sich scheinbar verlor, ist ja das, was verloren erscheint, gar nicht verloren!

Die obere Spitze des Dreiecks ist ja Voraussetzung für die Erscheinung der unteren horizontalen Linie! Nur dann, wenn die beiden unteren Enden der Linie ohne die beiden Schenkel erschienen, die schräg nach „oben" in die Spitze des Dreiecks führen, wären sie endlich. Das genau ist die Illusion, die entsteht, wenn die Spitze, aus der heraus die beiden Linien vertikal schräg nach „unten" führen und dort zu einer horizontalen Linie werden, die beide verbindet, nicht wahrgenommen wird. Dann bleibt nur eine horizontale Linie, die irgendwo anfing und irgendwo endet.

An sich ist das nicht tragisch, weil die Illusion der Linienerfahrung die Stabilität der Drei-Einigkeit nicht betrifft. Stets bleibt die untere Linie mit dem verbunden, woraus sie sich bildet. Für sich selbst gesehen jedoch wird „Nur-Linie" als tragisch empfunden. Denn da scheint es

Anfang und Ende zu geben. Geburt und Tod. Und nichts, was die beiden Enden verbindet. Nichts Ewiges also.

Da es in Wahrheit jedoch ohne das Ewige nichts Zeitliches gibt, fühlt sich „die Linie" von Gott verlassen und sucht ihn „da oben". Und ja, „da oben" ist das Ewige auch. Jedoch weder im Himmel, noch als ein von mir Getrenntes, sondern als meine Quelle, also das, was ich bin, in Wahrheit bin, immer war, immer sein werde. Wobei das Wort „immer" natürlich im Kontext des Ewigen keine Rolle mehr spielt, obsolet ist.

Ohne dass ich wahrnehme, was Anfang und Ende besitzt, gibt es weder Anfang noch Ende. Die Quelle kann aber so gänzlich identifiziert sein mit dem was sie als Linie wahrnimmt, also mit einem konkreten Anfang und einem konkreten Ende, dass sie sich selbst darin gänzlich verliert. Und dann glaubt sie natürlich daran, dass sie geboren wurde und stirbt. Dieser Glaube ist zwar irrelevant, erscheint jedoch so real, dass sie Furcht überkommt. Das geschieht jedoch alles der Quelle, denn die Quelle ist alles, jede Erfahrung, auch die irrelevante. Beispielsweise die aller Religionen. Religion ist Quelle-in-ihrer-Blindheit-Quelle-zu-sein und aus der daraus entstehenden Suche nach dem vermissten oberen Ende der Drei-Einigkeit. Das ist übrigens der Grund für die Erfindung einer falschen Dreieinigkeit aufgrund eines falschen Gottesbildes, das mensch von Gott trennt und sie als zwei verschiedene Entitäten betrachtet, die durch Glauben oder gute Werke versöhnt werden müssen.

Die scheinbare Verlorenheit in der Linienerfahrung gebiert jedoch ebenso auch all die anderen vergeblichen Versuche, sich selbst oder den Sinn des Lebens zu finden. Wird klar gesehen, dass die horizontale Linie durch zwei vertikale, schräg verlaufende Seitenlinien stets mit der

Spitze verbunden ist, immer war, immer sein wird – lieber Leser, aus welchem Grund sollte ich dann noch nach mir oder dem Sinn der Linie suchen?

Ich bin Spitze! Primär! ☺ Und was aus mir heraus nach unten verläuft, um eine zeitliche Linie bilden zu können, das bin ich auch, denn es ist ja mit mir verbunden, jedoch sekundär. Nur um mit mir selbst spielen zu können. Man mag sich in diesem Kontext eine Spinne vorstellen, die aus sich heraus ein Netz produziert, das nichts anderes als sie selbst als ihr Ausdruck ist.

Es ist also nur ein Sehen dessen, was ich (schon immer) bin. Daher ändert sich nichts in meinem Lebensverlauf. Die zeitliche Linie kann ja unmöglich verschwinden, sie gehört ebenso zu mir, wie ich als die „ewige" Spitze. Und ich erwarte auch gar nicht mehr, dass sich grundlegend etwas verändert. Meine Hoffnung darauf erscheint mir nun völlig unsinnig.

Du bist ein Roboter und funktionierst programmgemäß

Es ist nicht schwer für uns, die konkrete Erfahrung zu machen, dass die auf unsere innere Welt gerichtete Aufmerksamkeit ohne Objekt ist. Wenn ich mich meinen inneren Monologen gegenüber wie ein aktiver Zuhörer verhalte, der diese Monologe sprechen lässt, was sie wollen und wie sie wollen, wenn ich mich absichtlich verhalte nach dem Satz: „Sprich, ich lausche Dir!" So werde ich bald feststellen, dass der Monolog abreißt und dass er erst wiederbeginnt, wenn ich meine beobachtende, erwartungsvolle Haltung aufgebe.

Die Hohe Lehre, S 187

Grandiose Nichtübung! Und genauso erlebst du dich im natürlichen Zustand. Ohne zu üben. Es ist das Normale: Nicht ich denke! Das zu checken ist schon die halbe Miete. Das checken aber die wenigsten. Ich meine – wirklich! Nicht nur als Theorie.

> Wenn du denkst du denkst, dann denkst du nur du denkst!

Das konnte Juliana Werding sogar singen. Ob ihr bewusst ist, was sie da sang? Wir denken nur, dass „wir" denken. Hier ist der Knackpunkt. Denn sollte diese Aussage stimmen, wer um Gottes Willen sind wir denn dann? Computer, nichtwahr? Roboter! Und keinesfalls mehr.

Wie funktioniert ein Roboter? Er kriegt Input. Daher heißt die Wissenschaft, die sich mit Computern und ihrer Anwendung (im Rahmen der elektronischen Datenverarbeitung) beschäftigt, Informatik. Du und ich sind in unsrem Denken und Handeln

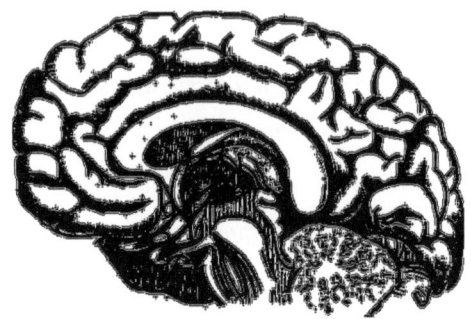

vollkommen abhängig von den Informationen, die rein kommen in das, was wir als Gehirn bezeichnen. Das Gehirn ist nichts weiter, als ein Empfangs- und Verarbeitungsinstrument von Informationen. Die elektronischen Impulse kommen rein und werden in die Sprache übersetzt, die du (in der Regel) als Kind erlernt hast. Und gemäß diesen Informationen (diesen und keinen anderen) werden Entscheidungen getroffen und Handlungen ausgeführt. Du bist noch nicht einmal gefordert „Aye aye Sir" zu sagen! Denn du bist nicht dazu imstande, einer Information zu gehorchen oder zu widerstehen.

Das kann erkannt werden. Allerdings nur, wenn es erkannt werden soll. Massenhaft Roboter „dürfen" das nicht erkennen. Diese Information wird in ihnen blockiert. Es ist nicht etwa so, dass sie sich dieser Erkenntnis verweigern. Das heißt, manche verweigern sich schon. Aber nicht, weil sie sich verweigern wollen! Sie sind schlicht nicht imstande, sie zu bejahen.

Andere erkennen es zwar, jedoch nicht so, dass es sich auf ihren inneren Zustand auswirkt. Haben sie etwas getan, was man im Allgemeinen verurteilt, klagen sie sich weiterhin an. Tut jemand anderes etwas, das man im Allgemeinen verurteilt, klagen sie diese Person an. Nicht äußerlich zwingend, jedoch innerlich. Dafür können sie nix. Sie „empfangen" schlicht keine andere Information.

Ich halte die Untersuchung „Wer denkt das?" für das „effizienteste Werkzeug", um die spirituelle Suche ad acta legen zu können. Denn weißt du so, wie du weißt, dass 1 + 1 = 2, dass du gedacht und gelebt wirst – wie sollte es denn danach noch möglich sein, dich selbst oder Gottt oder den Sinn des Lebens zu suchen?

Und dennoch geschieht es! Manche Menschen verstehen, dass sie gedacht werden und suchen dennoch weiter nach jenem besonderen Zustand, den man als erleuchtet bezeichnet. Wie oft stand ich wie der Ochs vorm Berg beim Erscheinen dieses Phänomens! Denn mir war es gänzlich unmöglich, noch irgendetwas zu suchen, als klar wurde, dass ich noch niemals im Leben auch nur einen einzigen Gedanken produziert hatte! Ich wurde gelebt, dies war so klar wie Klärchen. Somit konnte ich nichts anderes sein, als ein Bioroboter, der programmgemäß funktioniert. Nicht irgendwann, sondern jetzt und auch schon zuvor!

Und kein Gedanke, den ich je denken würde, wäre meiner. Kein einziger könnte je meiner sein. Verdammt, denn ich denke nicht, ich werde gedacht! Und somit handle ich auch nicht. Nie und nimmer. Denn Aktionen ergeben sich aus Informationen. Ohne Datenverarbeitung ist ein Roboter kaputt. Außer Betrieb.

So radikal ist das! Was zum Henker sollte sich nach diesem Erkennen noch grundlegend ändern können? Welchen Zustand sollte ich jetzt noch erreichen können? Auf was bitteschön sollte ich denn jetzt noch warten? Ich bin ein Roboter und funktioniere programmgemäß! Früher, jetzt und in Zukunft. In keinem Moment konnte und kann ich anders denken und handeln als so, wie ich dachte und handelte, denke und handle! Nie lief etwas falsch. Nie etwas richtig. Alles lief und läuft so, wie es programmgemäß war, ist und sein wird!

Halleluja! Oder ist dir nicht zum Halleluja-Rufen? Verängstigt dich die Information, „nur" ein Roboter zu sein? Enttäuscht sie deine Erwartungen? Deine Vision vom Leben? Deine Vorstellung, wie sich dein Leben gestalten sollte? Nun, wenn es so wäre, sag ich: herzlichen Glückwunsch!

Wieso? Nun, weil du selbst das nicht denkst! Weil du so informiert wirst. Selbst wenn es sich um eine Desinformation handelt. Es ist genau das, was sich denken soll. Jetzt. Und wie sollte ich dich dazu nicht beglückwünschen? In einer Minute können schon ganz andere Infos reinkommen und du gratulierst dir dann womöglich selbst.

Wenn irgend möglich, lass dich doch mal nicht auf die (blödsinnige) Frage ein, WER dich informiert! Die Frage ist nämlich vollkommen irrelevant. Erstens deshalb, weil du es nie rausfinden wirst, zweitens weil es an deiner Programmierung nix ändert.

Natürlich kannst du behaupten: Die Quelle, Gott, das Höhere Selbst, Christus, ein Engel des Lichts, ein Dämon, was auch immer, informiert mich. Was nützen dir aber Bezeichnungen für eine unfassbar gewaltige Kraft, die du nicht beherrscht, sondern die im Gegenteil dich beherrscht? Daher sag ich oft auf die Frage: „Wer informiert mich?" schlicht: NIEMAND.

Das wird mir manchmal übelgenommen, denn die meisten Menschen sind unfähig sich vorzustellen, dass hinter all dem, was passiert, KEINER steht oder mindestens sitzt! ☺ Es ist jedoch die beste, vor allem aber die ehrlichste Bezeichnung überhaupt. Und die befriedigendste auch.

Mach dich zum Beobachter deiner Gedanken und du wirst, wie Benoit es im Eingangszitat sagt, feststellen, dass du nicht denkst, sondern gedacht wirst. Das ist zu offensichtlich, um es übersehen zu können. Sobald du dies aber tust, wirst du ebenso feststellen, *dass der Monolog abreißt und dass er erst wieder beginnt, wenn ich meine beobachtende, erwartungsvolle Haltung aufgebe.*

Aufmerksamkeit auf den Monolog oder Dialog der Gedanken stoppen ihn. Komm nicht auf den Gedanken, dies durchwegs zu „üben". Das geht erstens nicht und bringt zweitens nichts. Es ist lediglich ein Werkzeug zur Einsicht. Bist du dir erst mal im Klaren darüber, nicht selber zu denken, sondern gedacht zu werden, ist es dir völlig egal, ob sich gerade was denkt oder nichts denkt.

Was kümmert es dich, ob auf der Autobahn viel oder wenig Verkehr ist, wenn du nicht direkt neben ihr wohnst und den Lärm mitbekommst? *Jenseits der Autobahn* wohnend hörst du womöglich ein Summen und Brummen, das dich aber nicht stört.

Mich stört kein Gedanke! Denn ich höre stets zu. Nicht aktiv zumeist, sondern passiv. Weil die Information, nicht zu denken, verinnerlicht ist.

Es ist nicht schwer für uns, die konkrete Erfahrung zu machen, dass die auf unsere innere Welt gerichtete Aufmerksamkeit ohne Objekt ist.

Objekte erscheinen natürlich, die Aufmerksamkeit selber ist jedoch kein Objekt. Die Aufmerksamkeit ist das was wahrnimmt. Das Subjekt.

Das unerkennbare, unfühlbare, unauffindbare Subjekt, das weder in den Hintergrund noch in den Vordergrund tritt, das weder glückselig noch traurig, weder schnell noch langsam, weder oben noch unten, weder mächtig noch ohnmächtig, weder zornig noch sanftmütig ist.

Was du bist, bleibt, weil du nicht bist, was du zu sein scheinst, unter allen Umständen stabil.

Keinerlei Ambition

Wer das Zen begreifen will, darf nie vergessen, dass er es hier mit der Lehre vom Unvermittelten zu tun hat. Da das Zen leugnet, dass der Mensch eine Befreiung „erringen" oder sich in irgendeiner Art „erheben" müsse, nimmt es auch nicht an, dass die menschliche Situation sich mit der Zeit bessern könne, bis sie endlich „normal wird". Das Satori-Ereignis nimmt nur einen Augenblick zwischen zwei Epochen unseres zeitlichen Lebens ein. Einer Linie ähnlich, die eine Schattenzone von einer Lichtzone trennt, besitzt es auch nicht mehr Wirklichkeit als diese Linie. Entweder sehe ich die Dinge nicht, wie sie wirklich sind, oder ich sehe sie so. Es gibt keine Entwicklungsperiode, in deren Verlauf ich etwa nach und nach die absolute Wirklichkeit der Welt erkennen könnte.

Die Hohe Lehre, S 215

Mir ist es vollkommen egal, ob du das Zen begreifst! Mir ist es sogar egal, ob du irgendetwas von dem begreifst, was hier mitgeteilt wird. Ich habe keinerlei Ambition dir oder sonst irgendjemandem in irgendeiner Hinsicht zu helfen. Ich helfe nicht einmal meinem Sohn, meiner Frau, meinen Freunden, meinem Hund oder mir.

Ich funktioniere nur!

Die Funktion kann darin bestehen, meiner Frau bei der Vorbereitung eines Vortrags über Entspannungsmethoden zu beraten. Sie kann auch darin bestehen, meinen Sohn mit dem Auto zur Schule zu bringen oder von dort abzuholen. Oder meinen Hund Gassi zu führen. Meine Funktion besteht ziemlich eindeutig darin, Bücher zu schreiben, Sessions zu geben. Vor Ort und per Skype. "Helfen" jedoch tu ich niemand. Was bedeutet: Zu helfen ist nie meine intrinsische Motivation. Das mag den einen oder anderen erstaunen, womöglich sogar bestürzen. Ich jedoch kann nur bezeugen, dass Satori dich von dem Konzept des Helfens befreit.

Kürzlich besuchte ich eine langjährige Freundin im Hospiz. Niemand forderte mich dazu auf, nicht einmal sie selbst. Ich hatte auch keinen Bock, über 2 Stunden erst hin und dann wieder zurückfahren, denn im Gegensatz zu früher hasse ich lange Strecken im Auto. Dem Impuls sie zu besuchen, vermochte ich jedoch nicht zu widerstehen. So begegneten wir uns noch einmal für ein paar Stunden, bevor sie etwa drei Wochen später verstarb.

Von außen gesehen, könnte man das als einen Akt der Hilfe betrachten. War's aber nicht. Ich habe lediglich funktioniert. Das klingt hart und kalt, ist mir klar. Ist's aber nicht. Ich kann sehr wohl Mitgefühl für Leidende empfinden. Aber selbst Mitgefühl ist in meiner Wahrnehmung eine Funktion.

Ohne Mindcrash (oder Satori, um im Sprachgebrauch Benoits zu bleiben) ist es meines Erachtens unmöglich, adäquat zu funktionieren. Das illusionäre Ich hat je nach genetischer Grundausstattung entweder ein schlechtes Gewissen, wenn es sich dem Helfen entzieht, oder es engagiert sich über Gebühr, manchmal bis zur totalen Erschöpfung.

Oh, ich muss diesem Menschen helfen, sonst nimmt er sich womöglich das Leben! Solch ein Gedanke ist typisch für ein vom illusionären Ich besetztes System. Als könntest du in die Bestimmung eines Menschen eingreifen. Als hinge es von dir ab, was mit einem Menschen geschieht. Es mag sein, dass es dir bestimmt ist, mit ihm zu sprechen oder zumindest ein Gespräch anzubieten. Im natürlichen Zustand wird dies einfach geschehen. Du wirst jedoch nicht von einem schlechten Gewissen geplagt, wenn du dich nicht dazu gedrängt fühlst und er sich womöglich tatsächlich entleibt.

Sehe ich die Dinge so, wie sie wirklich sind, bin ich raus aus dem gesellschaftlich relevanten Hilfekonzept. *Flüchtlinge aus Schwarzafrika müssen wir schon deshalb in großer Zahl aufnehmen, weil wir im Westen schließlich über Jahrhunderte durch die skrupellose Ausnutzung ihrer Ressourcen für die Fluchtursachen sorgten,* las ich kürzlich. „Kompensation" ist hier das Schlagwort. Ich hörte noch nie, dass Wanderheuschrecken eine Konferenz anberaumen, um darüber zu beraten, wie man die Ernteausfälle der geschädigten Landwirte „kompensieren" könnte. Das Beispiel mag abwegig und auch zynisch klingen, es ist in seiner Überspitzung jedoch bestens dazu geeignet, den Irrsinn des Hilfekonzepts darzulegen, das die dem Prinzip der wilden Natur – Fressen und Gefressenwerden – entfremdeten Repräsentanten als kulturelle Errungenschaft feiern!

Hilfe hat nicht allein Grenzen, das Hilfekonzept an sich ist völlig irrelevant, weil es die Funktionalität des Lebens beeinträchtigt und sogar außer Kraft setzt.

Ein natürlich funktionierender KörperGeistOrganismus kümmert und sorgt sich um überhaupt nichts.
Nicht einmal um sich selbst.

Und zwar deshalb, WEIL er gemäß seinem Betriebssystem perfekt „funktioniert". Er kann sich daher den Anforderungen menschlichen Miteinanders gar nicht entziehen. Er handelt jedoch nicht aus ideellen oder gar religiösen Motiven, sondern der jeweiligen Situation angemessen, also pragmatisch.

Da das Zen leugnet, dass der Mensch eine Befreiung „erringen" oder sich in irgendeiner Art „erheben" müsse, nimmt es auch nicht an, dass die menschliche Situation sich mit der Zeit bessern könne, bis sie endlich „normal wird".

Der Mensch ist ein Tier. Und er wird immer eins bleiben. Alle Versuche das Menschentier zu kultivieren sind lediglich dazu geeignet, es zu dressieren wie einen Affen, der mit Messer und Gabel essen kann. Ist die Zirkusvorstellung aber vorbei, krallt er sich die Banane wieder mit Händen oder Füßen.

Willst du ernsthaft behaupten, die Einführung der Menschenrechte sei kein Fortschritt? Das magst du mich zurecht fragen und meine Antwort ist: Natürlich ist das ein Fortschritt! Zusammenleben funktioniert einfach wesentlich besser, wenn man gegensätzliche Meinungen diskutiert, anstatt Fäuste, Schwerter, Panzer oder gar Atombomben einzusetzen. Weil jeder Organismus auf bestmögliche Funktionalität programmiert und darüber hinaus ein selbstlernendes System ist, haben sich freilich, zumindest in einigen Völkern, archaische Methoden der Auseinandersetzung selbst abgeschafft und wurden durch weit besser funktionierende ersetzt. Krieg und Frieden jedoch sind weiterhin als notwendige Gegensätze vorhanden. An diesem Prinzip haben auch die Menschenrechte überhaupt nichts verändert.

Letztlich dienen wir alle einander. Nur so ist Zusammenleben überhaupt möglich. Jeder in seiner speziellen Funktion. Der Pilot fliegt Menschen an einen bestimmten Ort und sie sorgen mit der Bezahlung des Flugtickets für seinen Lebensunterhalt. Ohne Fluggäste gäb's keine Piloten. Und ohne Kranke gäbe es gar keine Ärzte und Krankenpfleger. Demnach schafft deren Leiden ihre Funktion. Daher bewundere ich sie nicht. Sie handeln nur ihrer Bestimmung gemäß.

In der Leere zuhause

Kurz gesagt: die höchste Stufe unseres bewussten Denkens bringt dieses in einem ganz bestimmten Sinne in eine größere Nähe zum Tiefschlaf. Während jedoch unser bewusstes Denken sich einerseits gewissermaßen dem Schlafe nähert, gewinnt es andrerseits gleichzeitig einen immer größeren Abstand davon, da die subtilsten intellektuellen Möglichkeiten aufs höchste gesteigert werden. Im Bereich des noch nicht manifest Gewordenen findet also eine wirkliche Annäherung statt, während in der Welt des bereits manifest Gewordenen ein scheinbares Fernerrücken sich vollzieht. Was oben ist, ist das Gleiche wie das, was unten ist, und das, was unten ist das Gleiche wie das, was oben ist." Die Vorstellungstätigkeit wird subtiler und bekommt die Tendenz, nicht in Erscheinung zu treten, obgleich das geistige Leben wach bleibt und seine Funktionen fortsetzt. Unter der stets durch Bilder abgelenkten Aufmerksamkeit entwickelt sich eine „Konzentration auf nichts". Meine Verfassung hat Ähnlichkeit mit der des zerstreuten Gelehrten. Doch während der Gelehrte zerstreut ist, weil sich seine Aufmerksamkeit auf etwas Gestaltetes richtet, bin ich selbst zerstreut, weil meine Aufmerksamkeit sich auf etwas Gestaltloses, weder Begriffenes noch Begreifbares richtet.

Die Hohe Lehre, S 222

Genau das erfuhr ich — gleichwohl ich „Genau das erfuhr sich" schreiben könnte — genau einen Tag nach der Untersuchung persönlicher Täterschaft im Juli 2004 in Mumbai. Ich lief durch die Straßen wie in einem luziden Traum. Ich bin mir nicht sicher, ob ich die

Welt zuvor jemals derart traumhaft erlebt hatte. Ich hatte nicht den Eindruck, dass es mich wirklich gibt. Natürlich lief da ein Mann namens Werner Ablass, und er funktionierte wie am Tag zuvor. Er schaute nach links und rechts, bevor er eine Straße überquerte, suchte entgegenkommenden Menschen auszuweichen, erinnerte sich an den Weg, der zum Haus Ramesh Balsekars führte, er sah auf die Uhr, um zu überprüfen, ob er rechtzeitig ankommen würde, etc. Doch das alles erschien (mir) wie in einem luziden Traum. Du siehst dich handeln, du hörst dich denken, du bist das schon, keine Frage, weißt aber, dass du das ebenso nicht bist. Du weißt, dass du geträumt wirst. Du weißt: Was hier läuft, ist ein Traum!

Und die Frage „Wer träumt?" stellte sich nicht (mehr). Ich hätte Begriffe wie Quelle oder Gottt einsetzen können, weil sich jedoch die Frage gar nicht mehr stellte, bedurfte es auch keiner in Begriffe gefassten Antwort.

Meine Verfassung hat Ähnlichkeit mit der des zerstreuten Gelehrten. Doch während der Gelehrte zerstreut ist, weil sich seine Aufmerksamkeit auf etwas Gestaltetes richtet, bin ich selbst zerstreut, weil meine Aufmerksamkeit sich auf etwas Gestaltloses, weder Begriffenes noch Begreifbares richtet.

Besser kann man es kaum ausdrücken! Ich antwortete in den ersten Tagen nach dem Crash zumeist zeitverzögert. So abwesend war meine Aufmerksamkeit. Oder besser formuliert: Meine Aufmerksamkeit war vor allem in dem was abwesend, weniger in dem, was anwesend ist.

Die Leere war nichts mehr, was ich fokussieren musste. Nichts mehr, woran ich mich erinnern musste. Nichts mehr, in dem ich zu versinken hatte. Nein, _sie_ war es, die mich in sich einsog! Ich hatte gar keine andere Wahl. Hatte natürlich noch nie eine gehabt. Jetzt aber war's klar: Sie war es, die mich lebenslang gezogen hatte. Sie war es auch, die mir den Freiraum gegeben hatte, um mich auszutoben. In allen möglichen und unmöglichen Abenteuern spiritueller, ideeller und materieller Natur. Sie war in Wahrheit das, was ich bin oder nicht bin und mich gab's nur insofern, als sie eine Figur, eine Puppe, eine Marionette brauchte, um sich selbst von sich selbst so weit als möglich zu entfremden und dann gänzlich wiederfinden zu können! Und das ist höchstwahrscheinlich auch deine Bestimmung! Hättest du dieses Buch ansonsten bis hierhin lesen können? Wohl kaum, ist zumindest meine Vermutung!

Die höchste Stufe unseres bewussten Denkens bringt dieses in einem ganz bestimmten Sinne in eine größere Nähe zum Tiefschlaf. Was bedeutet denn Tiefschlaf? Es ist in jedem Fall ein todesähnlicher Zustand! Wie könnte aber die höchste Stufe bewussten Denkens in größere Nähe zum Tiefschlaf bringen? Sehr einfach: Weil dann der Denker nicht denkt, dass er denkt. Stört der Denker den Gedankenfluss nicht, bleibt er also „im Grab", ist Denken funktional, niemals fiktional. Und wenn Denken funktional ist, ist es die höchste Stufe bewussten Denkens. Es ist dann nämlich ungefilterte Information. Nicht gefiltert von einem Denker, der denkt, dass er denkt. Denn genau das zieht das bewusste Denken auf die niedrigste Stufe. Allerdings nicht moralisch betrachtet. Moral spielt im natürlichen Zustand ohnehin keine Rolle. Oder nur noch eine „Rolle". Wie alles andere auch.

Die Vorstellungstätigkeit wird subtiler und bekommt die Tendenz, nicht in Erscheinung zu treten, obgleich das geistige Leben wach bleibt *und seine Funktionen fortsetzt. Unter der stets durch Bilder abgelenkten Aufmerksamkeit entwickelt sich eine „Konzentration auf nichts".*

Konzentration klingt natürlich nach Arbeit. Doch diese Form der Konzentration kennt keinen, der sich konzentriert. Der wäre nämlich gar nicht fähig, sich auf das zu konzentrieren, was ihm zutiefst widerstrebt. Leere ist alles andere als anziehend für den, der denkt, dass er denkt. Im Gegenteil: Er flieht vor der Leere, wie der Teufel vor dem Weihwasser. Denn sie ist sein Tod!

Die Leere wird immer anziehender. Früher hast du jede Menge unternommen, um sie zu füllen! Jetzt bist du froh, dem Trubel zu entkommen. Es mag ab und zu noch die Tendenz geben, dich ins pralle Leben zu stürzen. Jedoch selbst dann, wenn man der Typ Mensch ist, der überaus kommunikativ ist – so wie mein guter desillusionierter Freund Markus, der mich die letzten beiden Tage besuchte und wie immer vollquatschte – ist die Leere sein wahres Zuhause. Wenn du einmal drin bist, kommst du nicht mehr raus.

Und sie erscheint nicht mehr zum Fürchten, wie früher. Sie deprimiert dich auch nicht mehr. Wenn die Leere dich zu ziehen *beginnt*, ist es beinahe unmöglich dich nicht vor ihr zu fürchten und wenn sie dich sozusagen in die Zange nimmt, wirst du natürlich auch deprimiert sein. Denn sie erscheint dir zunächst als etwas Fremdes, keineswegs attraktiv. Denn sie nimmt dir ja scheinbar, was sie sich in der Phase der Entfremdung von sich selbst erwarb! Dabei ist all das ebenso leer, wie sie selbst. Sollte Leere denn, selbst wenn sie als Form erscheint, etwas anderes sein können als Leere?

Natürlich erscheinen dir die erworbenen Objekte „voll" zu sein! Je länger du sie aber genießt, desto leerer erscheinen sie dir. Weil jedes Objekt mit der Zeit seine Leerheit preisgibt, gibt's ja Jobwechsel, Partnerwechsel, Autowechsel, Wohnungswechsel, Ansichtswechsel, Guruwechsel. Freilich kann so ein Wechsel auch pragmatische Gründe haben, in vielen Fällen sind sie jedoch auf die Leere zurückzuführen, die im Genuss jedes Objekts früher oder später offenbar wird.

Bis du die Schnauze voll hast! Solange geht das. Materiell, ideell und auch spirituell. Du schreitest sozusagen von Objekt zu Objekt, bis dir klar wird, dass sie alle vollständig leer sind. Dem folgt während einer Art Ablösungsprozess von der Vorstellung, in den Objekten Befriedigung finden zu können, meist eine Phase der Resignation und Depression. Währenddessen erscheint die Leere nicht nur leer, sondern auch öd. Bis schließlich klar wird, dass Leere dein natürlicher Zustand ist, dein wahres, immerwährendes, nie verlassenes Zuhause.

Im Kristallpalast des Nichtseins

Der Mensch wird geboren mit einem Zweifel an seinem „Sein", und dieser Zweifel bestimmt alle seine Reaktionen gegenüber der Außenwelt. Die Frage: „Bin-ich?" liegt allen unseren Unternehmungen zugrunde, ob wir uns klar darüber sind oder nicht. In allem, was ich suche, suche ich nach einer endgültigen Bestätigung meines „Seins".

Solange diese metaphysische Frage innerlich mit dem Problem meines Erfolges in der Welt gleichgesetzt wird, erfüllt mich Angst wegen meiner zeitlichen Begrenztheit. Denn die so gestellte Frage wird immer von einer verneinenden Antwort bedroht. Doch je tiefer mein Verständnis wird und je „subtiler" meine bildhafte Vorstellung vom Universum, desto mehr tritt die Gleichsetzung zwischen meinem metaphysischen Zweifel und der Möglichkeit meines Scheiterns in der Welt zurück. Die Frage nach meinem „Sein" erfährt eine Klärung und tritt so weniger in Erscheinung. In Wirklichkeit verliert sie zwar nicht an Dringlichkeit, wird jedoch immer weniger dicht und greifbar. Am Ende dieses Destillierungsprozesses ist der Zweifel fast vollkommen rein geworden, ist zum „Großen Zweifel" geworden und hat gleichzeitig seinen Angstcharakter verloren. Er ist der Gipfel der Verwirrung und der Gipfel der Klarheit zugleich, einer Klarheit ohne formales Objekt, reine Ruhe, reiner Friede. *„Dann wird der Mensch den Eindruck haben, in einem durchsichtigen, lebenspendenden, erhebenden und königlichen Kristallpalast zu leben",* und ist doch gleichzeitig *„einem Idioten und Dummkopf ähnlich".* *Die berüchtigte, vergebliche Frage: „Bin ich?" wird hinfällig durch diesen Reinigungsprozess und ich erliege nicht länger ihrer Anziehungskraft — nicht etwa durch eine befriedigende Lösung des*

„Problems", sondern durch die Erkenntnis, dass es nie ein Problem gegeben hat.

Die Hohe Lehre, S 222-223

Und wie ist das bei dir? Stellt sich die berühmt-berüchtigte Frage „Bin ich?" noch? Ist das noch ein Thema? Oder bist schon zu einem Dummkopf und Idioten ähnlich geworden? Nicht weil du das Problem deiner Existenz gelöst hättest. Nach wie vor weißt du nicht, woher du kommst, weshalb du da bist und wohin du gehst. Und antwortest deshalb – ich muss es nochmal wiederholen – auf diese drei Fragen:

> Ich komm von nirgendwoher,
> geh nirgendwohin und bin aus keinem Grund da!

Sag das mal jemand. Egal wem! Selbst im spirituellen Lager wird man dich für einen Idioten halten. Obgleich es die intelligenteste Antwort ist, die man auf die drei wichtigsten Fragen im Leben zu geben vermag.

Denn es ist nichts als die Wahrheit. Und die Antworten beweisen, dass es für das, was du nicht bist, nie ein Problem gab und auch nie eins geben wird. Welches Problem sollte denn *jemand* haben, der *niemand* ist? Nirgendwo herkommt, nirgendwo hingeht und aus keinem Grund da ist?

Jedes denkbare Problem entsteht aufgrund der ungelösten Frage: Bin ich? Ist dir klar, dass du nicht bist, nie warst, nie sein wirst, gibt's auch kein Problem. Selbst Eifersucht wäre keins. Denn sie hat mit dir als dem was nicht ist, soviel zu tun, wie du mit der Frau deines Nachbarn zu tun hast. Es sei denn, du hättest ein geheimes Verhältnis mit ihr. ☺

Wie nimmst du als das, was nicht ist, die Problematiken des Alltags wahr? Wie *in einem durchsichtigen, lebenspendenden, erhebenden und königlichen Kristallpalast.*

Durchsichtig, weil dir nichts von dem entgeht, was in dem, was man Sein nennt, passiert. Was natürlich auch für Eifersucht gilt. Oder für Neid, Zorn oder Frust. Die Reaktionen deines KörperGeistOrganismus entgehen dir nicht. Sie werden auch mitnichten verleugnet. (In der Verleugnung sind ja gerade Spirituelle Weltmeister. So nach dem Motto: Was nicht sein kann, das auch nicht sein darf).

Lebensspendend, weil nichts lebendiger macht als die Klarheit, nicht zu sein. Nur wenn du zu sein meinst, hegst du Zweifel an deinem Sein. Und das ist logisch, weils ja nicht stimmt! Es ist eine brutale Desinformation. „Ich bin" ist ja nur ein Zaubertrick des Nichtseins, mit dem es erreicht, sich als seiend zu erfahren. Ist das aber klar, kann sich die Frage „Bin ich?" nicht mehr stellen. Daher brauchst du keine Selbstbestätigung mehr. Und die ists doch, die dir die Energie raubt, dieses „Ich bin besser als du, weiter als du, weiß mehr als du, verstehe mehr als du, liebe mehr als du, habe mehr Mitgefühl als du", etc. Das scheinbare Sein muss sich stets beweisen, dass es wirklich ist und dieses Gefühl erhält es am schnellsten, wenn es sich anderen gegenüber als stärker, größer, erfolgreicher, weiter, weniger traurig, weniger kraftlos, weniger frustriert, weniger oder gar nicht eifersüchtig oder neidisch beweist. Du solltest nicht glauben, dass diese Tendenz dich verlässt, wenn klar ist, dass du nicht bist. Sie wird „im Kristallpalast" nur erkannt und landet daher immer wieder schnellstens im Schredder.

Erhebend und königlich, weil du in der Klarheit nicht zu sein erhoben und königlich bist, jedoch ohne dich selbst bestätigen zu müssen. Du musst niemandem deine Klarheit zeigen oder gar beweisen. Im Gegenteil: Du versteckst sie. Du bist in deinem Verhalten wie jeder andere Idiot und Dummkopf, dem du begegnest. Und dir dennoch – ohne es zu wollen – dessen bewusst, dass du Millionen von Lichtjahren vom Normalo entfernt bist.

Die Wahrheit versteht sich nur selbst

Ich fühle mich von meinem eigenen „Sein" getrennt und suche danach, mich wieder mit ihm zu vereinigen. Da ich mich nur innerhalb der Grenzen meiner individuellen Eigentümlichkeit kenne, suche ich auch das Absolute in individueller Form zu finden., möchte ich um jeden Preis absolutes Sein in individueller Form erreichen. Durch diese Bemühung wird eine „Fiktion von Göttlichkeit" in mir erzeugt und am Leben erhalten, nämlich der ursprüngliche und grundlegende Anspruch, als Individuum und im Bereich der Erscheinungswelt vollkommen and allmächtig sein zu wollen.

Die Hohe Lehre, S 227

Die Wahrheit verstehen ist einfach. Sehr einfach. Im Grunde in 6 Worten zum Ausdruck gebracht: Subjekt ist Objekt in seiner Erscheinung! Und daher kann Objekt nur Subjekt sein. Leere ist Form und Form Leere. Altbekannt unter Spiris. Und jeder nickt ab!

Sagst du dann aber beispielsweise: Daher leidet kein Mensch (Objekt) sondern Gottt (Subjekt) schreibt mir ein Leser, diese Aussage empfinde er als zynisch. Und er bemerkt, es sei doch genau umgekehrt: Objekt leide, nicht Subjekt!

Naja, dem kann ich nicht einmal widersprechen! ☺ Wenn aber Objekt Subjekt ist, natürlich nur in seiner (des Subjekts) Erscheinung, dann muss es Gottt sein, der leidet. Natürlich nicht als Subjekt, denn als ein solches ist er jenseits von Freude und Schmerz, jedoch sicher als Objekt.

Oh – oh, nun scheint es doch nicht so einfach die Wahrheit zu verstehen… Kommt ganz drauf an, ob das Individuum die Wahrheit für sich vereinnahmen will, oder ob die Wahrheit dich als Individuum für sich vereinnahmt!

Das Wissen, dass du gelebt wirst, zu 100 Prozent gelebt wirst, schon von Geburt an bis zum Spielende, das Wissen darum, es ist dir so nahe wie der Atem, der es dich lehrt, denn du hast noch niemals geatmet, dein Leben lang wurdest und wirst du beatmet, und wenn dieses stets vorhandene Wissen sich nicht mehr dezent im Hintergrund hält, sondern dich ergreift und zu Boden wirft wie ein Sturm und dich auch nicht mehr loslässt, als wäre es eifersüchtig auf alles und jedes, dann erst bist du frei von dem Irrwitz, dem Wahnsinn, dem überheblichen Glauben, mehr zu sein als **ein** Instrument, eine Figur, eine Marionette der einen und einzigen Quelle und der Friede, der ebenso immer schon da war, wie das Wissen um deine absolute Unfähigkeit, etwas anderes zu sein als die Quelle in ihrem Ausdruck, wird dich durch alle Höhen und Tiefen des Lebens, nein, nicht nur geleiten, sondern in deiner Wahrnehmung das sein, was du in Wahrheit bist und schon immer warst.

Dann erst kannst du verstehen, dass es zwischen Subjekt und Objekt zwar einen Unterschied, jedoch keine Trennung geben kann. Vorher nicht. Unmöglich. Du kannst **meine** Bücher und Texte lesen bis zum St. Nimmerleinstag, du wirst sie, außer sie erfassen dich, niemals erfassen. Denn ich wurde von der Wahrheit erfasst und schreibe aus ihr.

Daher wäre es sinnlos, mit mir über meine Aussagen diskutieren oder sie gar in Frage stellen zu wollen. Ich verschreibe mich nicht. Ich muss mich nie korrigieren. Denn **ich** weiß exakt, was ich schreibe, weil ich nicht über die Wahrheit schreibe, sondern die Wahrheit bin.

Das klingt überheblich. Mir wohl bewusst. Aber nur in den Ohren derer, deren Pforte zum absoluten Wissen zugemüllt ist mit relativem Wissen. Und wann immer das absolute Wissen sie ruft, müssen sie erst den Müll entsorgen, der die Pforte belagert. Und greifen natürlicherweise beim Verstehen der Worte, die aus der Wahrheit kommen, auf das relative Wissen zurück, von dem sie glauben, es sei wahres Wissen. Dabei ist es keinen Pfifferling wert, sondern stinkender Müll. So hart wie das klingt, so hart ist es auch gemeint!

Meine Worte entleeren, sie füllen dich nicht! Ich spiele hier Müllmann. Und ein wahrer Lehrer ist immer ein Leerer. Kann dein Geist sich nicht öffnen für meine Worte, ist es ein hinterfragender, skeptischer, wissender Geist, der die Worte stets abgleicht mit dem relativen Wissen, mit dem er angefüllt ist, können die Worte nicht entleeren. Im Gegenteil: Es kommt nur weiteres Wissen hinzu, das dem Müllhaufen relativen Wissens hinzugefügt wird. So dass der Müllhaufen wächst, anstatt sich zu minimieren.

Da ich mich nur innerhalb der Grenzen meiner individuellen Eigentümlichkeit kenne, suche **ich** *auch das Absolute in individueller Form zu finden., möchte ich um jeden Preis absolutes Sein in individueller Form erreichen.*

Dieses Bemühen muss scheitern. Ohne zu scheitern gibt's keine Klarheit. Verstehen ist kein intellektueller Akt. Der Intellekt ist vielmehr im Weg. Die Wahrheit kann sich nur selber erfassen. Sie braucht nicht deinen Verstand. Der hat ganz andere Aufgaben.

Die Wahrheit wird nicht *verstanden*. Die Wahrheit *erschlägt* dich. UG Krishnamurti hat das so formuliert:

Ich habe für mich selbst herausgefunden, dass es kein Selbst gibt, das man erkennen kann – das ist die Erkenntnis, von der ich spreche!!! Sie kommt als ein Vernichtungsschlag. Sie trifft einen wie ein Blitzstrahl. Man hat alles in eine Sache – die Selbsterkenntnis – investiert, nur um am Ende plötzlich *herauszufinden, dass es kein Selbst zu entdecken gibt – da sagt man sich doch: „Was zum Teufel habe ich nur mein ganzes Leben lang getan?!" Das erschlägt einen.*

Der Verstand wird sofort argumentieren: *Die Wahrheit wird nicht verstanden? Du hast selbst gesagt, dass zunächst intellektuelles Verstehen stattfindet. Und jetzt widersprichst du deiner eigenen Aussage!*

Müll, nichts als Müll, das der Verstand produziert. Denn beide Aussagen haben im jeweiligen Kontext durchaus ihre Berechtigung. Der Verstand seziert Worte, wie ein Pathologe Leichen. Er sollte aber, zumindest was die Wahrheit angeht, als Messer und Gabel fungieren. Um sie als Speise aufzunehmen, sie genießen und sich einzuverleiben zu können.

Und schon wieder könnte der Verstand einen Widerspruch erkennen. *Deine Worte sollen doch entleeren. Essen und Trinken füllt mich aber an. Also was stimmt jetzt?* Beides natürlich. Es sind lediglich zwei verschiedene Aspekte der Wahrheit.

Der Verstand trifft Unterscheidungen, und das ist eine seiner primären Aufgaben. Daher ist er ungeeignet, der Wahrheit mehr als eine Art Besteck zu dienen. Das Individuum aber unternimmt den ungeeigneten Versuch, ihn zum Verstehen der Wahrheit zu benutzen, anstatt sich von derselben benutzen zu lassen.

Die Unverwüstlichkeit meines Nichtseins und Seins

Wenn ich das Gesamtbild meines persönlichen Lebens objektiv zu betrachten versuche, so erkenne ich, dass es sich mit einem Feuerwerkskörper vergleichen lässt: Das Aufsteigen der Rakete entspricht dem Leben im Mutterleibe, wo alles in Vorbereitung ist, ohne noch in Erscheinung zu treten, der Augenblick, in dem die Rakete zum Platzen kommt, ist die Geburt, die Entfaltung der Leuchtgarbe stellt jene „aufsteigende" Lebensperiode dar, in der der Organismus sich mit all seinen Kräften entwickelt. Das Zurücksinken der Garbe in einen langsam erlöschenden Funkenregen stellt Alter und Tod dar. Anfangs will es mir scheinen, als sei das „Leben" jener Rakete ein Wachsen, später ein Abnehmen. Wenn ich jedoch gründlicher darüber nachdenke, komme ich zu der Erkenntnis, dass es während seiner ganzen Dauer ein Abbau von Energie ist. Es ist von Anfang bis Ende seiner Manifestation ein Abnehmen. Ebenso steht es auch um mich als Individuum. Vom Augenblick der Empfängnis an ist mein Leib-Seelischer Organismus das Erscheinungsbild einer Auflösung, eines ständigen Abstiegs. Wir beginnen zu sterben, sobald wir empfangen sind, indem wir durch mehr oder weniger augenfällige Manifestationen eine Anfangsenergie erschöpfen, die in ständiger Abnahme begriffen ist. Die kosmische Wirklichkeit steht in einem grundsätzlichen Widerspruch zu meinem Streben nach „oben": soweit ich Einzelwesen bin, liegt vor mir nur ein nach „unten".

Die Hohe Lehre, S 229

Klingt erst mal entmutigend, oder? Jeder Tag bringt mich näher an das, was man im Allgemeinen Tod nennt. Jeden Tag baue ich ein Stückchen mehr ab. Egal, wie alt ich im Moment bin.

Ich möchte der Beschreibung Benoits noch einen Gesichtspunkt hinzufügen: Der Feuerwerkskörper ist ohne die Energie, die ihn nach oben treibt, also schon während seines scheinbaren Aufstiegs, ein absolut totes Ding. Ohne das gezündete Feuerwerksschwarzpulver würde es weder aufsteigen, noch jene faszinierenden Effekte am nächtlichen Himmel erzeugen.

Untersuchen wir den menschlichen Organismus und seine Funktionen gründlich, stellen wir fest, dass wir es von Anbeginn mit einer belebten Leiche zu tun haben. (Ich hoffe dich nicht allzu sehr mit dieser Bezeichnung zu erschrecken, mein Dienst ist jedoch der des Desillusionierens und so komme ich nicht drum herum, die Dinge beim Namen zu nennen.)

Ohne die Energie, die den Körper beatmet, das Blut durch die Adern pumpt, das Herz ohne Unterlass schlagen lässt, 70 – 80-mal pro Minute und das lebenslang, die Nahrung zerkleinert, verdaut, transportiert, assimiliert, die unverdaulichen Reste ausscheidet, Giftstoffe absorbiert und abtransportiert, Organe, Muskeln, Sehnen, Knochen, Nerven, Haut und selbst Haare energetisch versorgt, etc. - wäre er da denn mehr als eine Leiche?

Wäre der Körper nicht in Funktion, würde unser Gehirn keine Informationen empfangen und dein Mund, deine Zunge, deine Augen, deine Arme, Hände, Beine und Füße könnten keine Aktionen durchführen. Der KörperGeistOrganismus ist daher ganz und gar auf die Energie angewiesen, die ihn in Funktion bringt und erhält.

Die Energiezufuhr ist jedoch wie bei einer Rakete endlich! Heutzutage leben die Menschen im Schnitt zwar länger als in früheren Zeiten, das Ende aber ist ihnen dennoch sicher. Die Energie selbst jedoch ist unendlich. Wie die Elektrizität. Gerade erst gestern musste ich zwei Halogenlampen ersetzen. Schalter aus. Die alten raus, die neuen rein. Schalter an. Fertig!

Genauso geht das mit deinem und meinem Körper. Mehr ist es nicht. Aus universaler Sicht. Aus persönlicher schauts freilich anders aus. Oh je, oh je. Tot. Ich kann morgens nicht mehr aufstehen und Kaffee trinken. Keinen Text mehr schreiben. Ich kann nicht mehr mit meinem Hund durch die herrliche, bunte Herbstlandschaft wandern. Ich werde meine Frau und meinen Sohn nie mehr wiedersehen. Auch keinen Film, keine Serie mehr. Kein Buch mehr lesen können. Nie mehr in der Sauna schwitzen. Nie mehr ein Glas Grauburgunder trinken. Nie mehr ein gut abgehangenes Filetsteak mit Wonne verspeisen. Nie mehr Auto fahren. Nie mehr verreisen. Keinen Sonnenaufgang und Sonnenuntergang mehr erleben. Und so weiter und so fort....

Stimmt. Ist dieser KörperGeistOrganismus außer Funktion, wird mit ihm nicht mehr wahrgenommen. Denn mit dem Körper stirbt auch der *menschliche* Geist. Finito. Aus und vorbei.

Praise the Lord ruf ich da. Laut und fröhlich! Aus welchem Grund? Nun, es gibt mehrere:

1. Erlebe ich meinen Tod nicht. Ich weiß ja nicht, dass ich gestorben bin, nur den anderen, den noch Lebenden ist bewusst, dass ich nicht mehr existiere.

2. Was stirbt ist lediglich das, was ohnehin nie mehr war, als eine belebte Leiche. Und diese wird nun schlicht nicht mehr energetisch versorgt. Wie die vorhin erwähnte kaputte Halogenlampe. Die habe ich entsorgt und mit einer funktionierenden ersetzt.

3. Ich als das, was sie versorgt hat, kann unmöglich sterben. Selbst wenn ich wollte, könnte ich's nicht. ☺ Die Energieversorgung eines spezifischen KörperGeistOrganismus ist endlich, die Energie selbst unendlich.

4. Unendliche Energie kann gar nicht anders, als einen neuen Körper zu modellieren, in welchen selbstverständlich „Software-Komponenten" des abgelegten transportiert werden. Alles andere wäre unökonomisch und das Universum beweist sich alles andere als das! Rational beweisbar ist diese Theorie freilich nicht. In meiner Wahrnehmung besteht jedoch kein Zweifel daran. Seelenwanderung kann es nicht geben, schon weil Geist und Körper eine untrennbare Einheit darstellen. Was jedoch in dem jeweiligen KörperGeistAggregat an Erfahrung und Erkenntnis herangereift ist, geht nicht verloren, sondern setzt sich, allerdings total unpersönlich, in einem neugeborenen Körper fort. Zu wissen, „wie" dieser *immaterielle Transport* vonstattengeht, ist in meiner Wahrnehmung ebenso irrelevant, wie ich wissen muss, weshalb die Sonne genau an dem Ort steht, wo sie die Erde weder in Flammen aufgehen, noch zu Eis erstarren lässt. Selbst die kleinsten Bausteine der Materie, die

sogenannten Elementarteilchen, sind ja nicht einmal unter dem Mikroskop sichtbar und doch ist ihre Existenz unzweifelhaft.

5. Die Sterblichkeit des KörperGeistAggregats macht mir nur Angst, wenn ich mich „nur" als einen solchen begreife und nicht zu erkennen vermag, dass ich als die Energie, die ihn belebt, unsterblich bin. Sein Ende beendet lediglich ein Kapitel der unendlichen Geschichte des unendlichen Seins, dessen unendliche Quelle dem unendlichen Nichtsein entspringt.

Überleben wollen – und zwar um jeden Preis – ist daher kein unerfüllbarer Wunschtraum der Menschheit, sondern Realität. Nur wird das Überleben idiotischerweise mit dem Körper assoziiert. Weil dieser aber nicht überleben kann, entsteht verständlicherweise Angst vor seinem Ende. Weil wir jedoch, wenngleich zumeist unbewusst, um unsere Unsterblichkeit „wissen", sie aber fälschlicherweise auf den Körper projizieren, befinden wir uns in einem schier unauflösbaren Dilemma. Bis uns klar wird, dass das Wissen um unsere Unsterblichkeit nicht dem Körper gilt, sondern der unendlichen Energie seiner unsichtbaren Quelle.

Aufgrund dieser Einsicht müssen wir uns nicht mehr mit Jenseitstheorien, Nahtoderfahrungen oder der Reinkarnationstheorie herumschlagen, sie werden sogleich obsolet. Ich erlebe mich zwar als sterblicher Körper, bin jedoch in meiner Essenz das, was ihn belebt und funktionieren lässt. Und obgleich ich mich essentiell bzw. als Subjekt nicht wahrnehmen kann, weil nur Objekte wahrnehmbar sind, weiß ich so sicher um meine Unverwüstlichkeit, wie um sonst nichts in der sichtbaren und fühlbaren Welt.

Am Tiefpunkt der Hoffnungslosigkeit ist die einzige Lösung

In dem Wunsche, endlich dieser Angst zu entgehen, suchen wir nach Heilslehren, nach „Gurus". Aber der wahre Guru ist nicht fern, er steht vor uns und bietet uns unablässig seine Lehre an: es ist die Wirklichkeit als solche, ist unser tägliches Leben. Die rettende Offenbarung liegt vor unseren Augen, die Offenbarung unseres Nicht-Allmächtigseins, die Erkenntnis, dass unser Anspruch durch und durch abwegig und unmöglich und daher ein Trug, ein Nichts ist. Es ist die Erkenntnis, dass es nichts zu fürchten gibt, dass falsche Hoffnung keine Wirklichkeit besitzt, dass ich immer auf dem Boden gestanden habe und noch stehe, so dass ein Fallen unmöglich ist und ein Schwindelgefühl gar nicht aufkommen kann.

Die Hohe Lehre, S 230

Das ist es, was ich als innere Stabilität bezeichne. Und sie ist erfahrbar, sobald alle trügerischen Hoffnungen auf einen besonderen, einen exklusiven Zustand vernichtet worden sind. Das kann allerdings dauern. Die innere Stabilität muss jedoch nicht in einem langwierigen Prozess entstehen oder aufgebaut werden. Sie ist immer vorhanden. Sie wird jedoch erst als Kontinuum wahrgenommen, wenn die Hoffnung auf jenen besonderen Zustand zerstört ist.

Die Offenbarung des Nicht-Allmächtigseins ist nichts anderes als die Klarheit nicht-tätig zu sein. Persönliche Täterschaft wird als trügerische Hoffnung entdeckt, das Leben in eigener Regie verwalten und kontrollieren zu können. Ach was haben wir uns doch alles vorgenommen! Freundlicher wollten wir sein. Liebevoller wollten wir uns verhalten! Gelassener wollten wir in Stresssituationen reagieren! Wir schaffen es jedoch nicht. Unsere Launen und unser Temperament stehen uns bei unseren Vorhaben im Weg.

Anders gestrickten Typen ist ihr Verhalten relativ egal. Sie möchten um nahezu jeden Preis erfolgreich sein. Ihnen stehen dabei konkrete Ziele vor Augen. Dann, nach 10, 20 Jahren schauen sie womöglich auf ihre Lebensgeschichte zurück und müssen sich eingestehen, dass sie nur eines oder gar keins ihrer Ziele erreichten.

Erzähl Gott deine Pläne, um ihn zum Lachen zu bringen! Ich nehme an, dieser Spruch ist dir bekannt. Jedoch selbst dann, wenn du ihn nicht kennen solltest, wird dir anhand deiner verfehlten Absichten auf vielen Feldern menschlichen Lebens klarwerden, wie zutreffend er ist.

Bist du ein spirituell interessierter Mensch – und selbst dieses Interesse kannst du dir nicht selbst verschaffen – wirst du dir ebenso, wie der materiell ausgerichtete, eingestehen müssen, dass du die angestrebte Erleuchtung nicht erreicht hast. Und je länger sich das hinzieht, desto weniger magst du noch daran glauben, dass sie sich jemals einstellen wird.

Wo ist die Fanfare! Denn genau jetzt, sozusagen am Tiefpunkt deiner Hoffnungslosigkeit, mag dir der Geliebte erscheinen, der dich nicht etwa tröstet, iwo, sondern ins Nichts führt, allerdings nicht in das Nichts, das ein spirituelles Objekt ist, sondern die totale Leere in allen Objekten.

Da ist er, der wahre Guru, da, in dem Scheiß, der gerade nicht funktioniert! In dem was dir im Weg steht. Was dich anödet. Was dich auf Trab hält. Alles Miese eben.

Und natürlich auch in den Lösungen ist der Guru da. Gibt's etwa für irgendwas keine Lösung? Es dauert halt manchmal, aber sie kommt! Und wenn sie darin besteht, dass es für dieses spezielle Problem keine gibt. Keine Lösung ist nämlich in manchen Fällen ökonomischer als eine Lösung. Behaupte ich nicht aus dem hohlen Bauch. Womöglich hast du es schon selbst erfahren.

Alltägliches Dasein. Denn „mehr" als das gibt's nicht! Was nützt dir die Erkenntnis, dass dies hier alles ein Traum ist, wenn du eine Handwerkerrechnung nicht bezahlen kannst, wenn dein Auto morgens streikt und du zu spät ins Büro kommst, wenn du Kopfschmerzen hast, die dich auch nach der Tabletteneinnahme piesaken?

Du steckst, wenn auch nur scheinbar, drin in diesem „deinen" Körper" und dieser „deiner" Erlebniswelt und du kommst da nicht raus. Auch *nicht* durch Meditation! Außer vielleicht während des Zeitraums, in dem du dich versenkst. Wenn du es überhaupt schaffst dich so tief zu versenken, dass dich die nicht bezahlbare Handwerkerrechnung, das streikende Auto oder der Kopfschmerz nicht mehr berührt.

Akzeptieren ist doch die Lösung! In dem Wissen, dass alles von der Quelle kommt und dass ich die Quelle bin!

Ah so, du kannst akzeptieren was an Schwachsinn passiert! Super! Du bist wirklich ein Aß! Mein Vorschlag wäre: Sei lieber ehrlich! Vor allem zu dir selbst...

Es ist vollkommen egal, ob du akzeptieren kannst was gerade los ist! Anstatt *Danke Schicksal* zu sagen, kannst du ebenso ausrasten und die Situation verfluchen! Beides wären Geschehnisse, mit denen du nur insofern zu tun hast, als sie mit dir passieren. Und allein darauf, auf dieses Bewusstsein kommts an! *Die rettende Offenbarung liegt vor unseren Augen, die Offenbarung unseres Nicht-Allmächtigseins, die Erkenntnis, dass unser Anspruch durch und durch abwegig und unmöglich und daher ein Trug, ein Nichts ist.*

„Ich kann akzeptieren was ist!" Darin liegt nicht die rettende Offenbarung. Weiß Gott nicht! Erstens weil du es nicht (immer) kannst und zweitens, weils auch dann nichts nützt, wenn dus kannst.

Das wahre Problem ist nicht dein Können, auch nicht dein Nichtkönnen. **Du bist noch da** und allein **du** bist das Problem! Du als der, der etwas kann oder nicht kann. Du als der, der an eine Lösung glaubt oder resigniert! Du als der, der sich vor Angst in die Hose macht und ebenso als der, der sich allmächtig erscheint und alles im Griff hat.

Was soll ich nur machen? Fragen mich die Leute. Mit meiner Angst! Mit der übergroßen Liebe, die mich fast verbrennt. Mit der Leere, die mich verschluckt und depressiv macht.

Du brauchst nur solange was machen, als du existierst, bzw. in der Vorstellung lebst, zu existieren. Machen oder nichts machen kann nur der, welcher existiert! Es ist die Offenbarung, eine Marionette zu sein, die all deine Probleme löst. Alle, nicht nur einige. Und zwar mit einem Schlag! Selbst jene, die nicht **gelöst werden können**, sind dann gelöst.

Eine Teilnehmerin im letzten Event erzählte mir, sie werde immer wieder überwältigt von brennender Liebe. Und sie wisse nicht, wohin mit ihr, wenn das passiert. Was soll ich nur mit diesem überwältigenden Liebesgefühl tun, fragte sie mich. Und natürlich: Was geschieht da mit mir? Wohin soll das noch führen?

Diese Fragen können nur entstehen, wenn noch einer da ist, der glaubt, etwas mit einer wie auch immer gearteten Emotion oder Situation tun zu müssen. Ist der weg, entstehen diese Fragen nicht mehr. Was immer sich gerade ereignet, in dir, außerhalb von dir, ist in deiner Wahrnehmung genau das, was sich „pflichtgemäß" gerade ereignet. Und es verschwindet, wenn es sich ausgelebt, ausgeliebt, ausgekotzt hat.

Gestern Abend begann mein Magen zu schmerzen. Gleich nach dem Abendessen. Wir schauten gerade eine Komödie auf Netflix und lachten. Der Schmerz intensivierte sich aber und ich zog mich zurück. Da ich oftmals die Erfahrung machte, Schmerz „weg atmen" zu können, begann ich auf dem Rücken liegend damit. Ohne Erfolg. Ich bat Iris, mir einen Tee zu machen und mir eine Schmerztablette zu bringen. Nach etwa einer Stunde begann diese erst ein wenig zu wirken, der Schmerz begleitete mich jedoch bis etwa 4 Uhr morgens, bis dahin schlief ich immer nur kurz ein. Natürlich entstand die Frage nach der Ursache und ein, zwei mögliche wurden gefunden. Eine metaphysische Frage nach dem Sinn dieses Schmerzes tauchte jedoch nicht auf.

Spiritualisten **mögen** mich als Ignoranten bezeichnen: Gott will dir was zeigen und du hörst nicht auf seine Stimme! Darauf antworte ich: Wenn Gottt mir was zeigen will, wird ihn nichts daran hindern können, nicht einmal meine Ignoranz! Erleichternd hinzu kommt, dass Gottt sich mit mir realisiert hat und somit den denkbar kürzesten Weg zu meinem bzw. seinem Ohr hat!

Du kommst aus dem Körper nicht raus. Wie du es auch anstellst, welche Versuche **du** auch unternimmst, um ihn und die Welt um ihn rum zu transzendieren, du bleibst absolut chancenlos. Und weshalb? Weil „du" nicht existierst! Glauben magst du das zwar, erleben wirst du immer nur das, was sich mit dir als Figur ereignet. DAS zu sehen IST Transzendenz. Ist noumenale Erleuchtung. Klares Sehen. Nenns wie du willst!

Gottt ist absolut chancenlos sich selbst in seiner Manifestation zu helfen. So groß und gewaltig die Macht Gotttes ist, ist auch seine Ohnmacht! 50:50. Also im exakt gleichen Verhältnis wie Licht und Schatten, Hässlich und Schön, Gut und Böse zueinander. Alle Gebete sind daher umsonst! Sie mögen sich zwar ereignen, sind jedoch ebenso sinnlos, wie die Erwartung, einen Berg durch puren Glauben ins Meer versetzen zu können.

Am Tiefpunkt der Hoffnungslosigkeit erscheint sich die Wirklichkeit unverblümt. Daher ist nur in ihr Friede. Unfriede wird nur durch die Ich-Illusion ausgelöst.

Und wie äußerst sich die Ich-Illusion? Woran erkennst du sie? Etwa daran, nicht akzeptieren zu können, dass man dich übervorteilt, missachtet, grundlos feuert, etc.? Sicher nicht. Akzeptanz ist kein Zeichen für die nicht mehr vorhandene Ich-Illusion. Akzeptieren kann nämlich auch die Ich-Illusion. Wenn es sie gerade nicht überfordert.

Die Ich-Illusion ist deaktiviert, wenn sich im System keiner mehr findet, auf den sich ein wie auch immer geartetes Ereignis bezieht. Das KörperGeistSystem funktioniert ohne einen, der glaubt, sich motivieren, an sich arbeiten, sich zu Entscheidungen aufraffen, sich zurückhalten, sich beschuldigen, sich auf die Schulter klopfen, sich selbst einzuschätzen, sich und andere akzeptieren, lieben, schätzen, belohnen, bestrafen zu müssen. Nicht, dass all das aufgeführte nicht „passieren" könnte, es lässt sich nur keiner mehr finden, der damit irgendetwas zu tun hat.

Und das verändert die Reaktionen des Systems komplett. Nicht ihren Charakter als solchen, sehr wohl aber dessen Reaktionen. Die wir freilich als Aktionen betrachten. Die aber in dem System, in welchem die Ich-Illusion deaktiviert ist, nicht mehr als Aktionen betrachtet werden können. Das ist nur möglich, solange die Ich-Illusion den Laden scheinbar unter Kontrolle hat. Obgleich sie sich dabei was vormacht. Denn ihre Macht beruht auf purer Einbildung. Und es ist diese Einbildung, weshalb ein Mensch mit dieser Einbildung so ein urkomisches Bild abgibt: Ich bin es, der entscheidet und handelt. Ich bin es, der dafür verantwortlich ist, dass der Laden läuft. Und wenn er den Bach runtergeht, bin ich es oder sind es die Anderen, die daran schuld sind.

Ich und die Anderen. Das Blödenspiel per excellence. Das du hoffentlich bald nicht mehr mitspielen musst.

Vollendung

Der Gedanke der Demut bildet, auch wenn dieser Tatsache nicht immer Ausdruck verliehen wird, den Mittelpunkt der Zenlehre. In der gesamten Literatur des Zen können wir durchgängig die Beobachtung machen, wie die Zenmeister in einem ihnen geeignet erscheinenden Augenblick ihre Schüler zutiefst demütigen. Ob diese Demütigung nun durch einen Meister oder durch ein selbst erlebtes Scheitern kommt, das Satori wird immer in einem Augenblick ausgelöst, da die Demütigung ihre Vollendung erfährt vor der endlich ans Licht tretenden Sinnlosigkeit aller ehrgeizigen Bemühungen. Denken wir immer daran, dass das „Wesen der Dinge " der beste, der liebevollste und unnachsichtigste Lehrmeister ist, der uns mit seiner wachsamen Hilfe umgibt. Die einzige Aufgabe, die uns zuteil wird, besteht darin, die Wirklichkeit zu verstehen und von ihr uns wandeln zu lassen.

Die Hohe Lehre, S 232

Demut also. Demütigung. Zentrum des Zen? Es mag uns verwundern. Jedoch nur, wenn wir die Aussage nicht im Kontext lesen. *Die einzige Aufgabe, die uns zuteil wird, besteht darin, die Wirklichkeit zu verstehen und von ihr uns wandeln zu lassen.*

Ums Verstehen geht's also im Zen. Demütigungen sind demnach nur Mittel zum Zweck, um wirklich verstehen zu können. Denn Verständnis und Verstehen sind durchaus nicht dasselbe.

Dass ich primär das sein muss, *was wahrnimmt* und nur sekundär *das Wahrgenommene* bin, vermag ein offener, wacher und nach Wahrheit dürstender Geist schon nach der ersten Untersuchung seiner biologischen und geistigen Funktionen zu erfassen. Dieses Verstehen könnte man als intellektuelles Verständnis bezeichnen.

Das ist besser als nichts! Verachte es nicht! Nicht nur, weil die Wahrheit als solche liebenswert ist. Sie ist auch durchaus in der Lage dein alltägliches Leben maßgeblich zu beeinflussen. Der Leidensdruck wird geringer. Ebenso Schuldbewusstsein und Schuldzuweisung. Selbst wenn diese beiden „Rucksäcke" nicht gänzlich von deinen Schultern fallen sollten, werden sie in jedem Fall leichter.

Es kommt ganz darauf an, welches Schicksal dir bestimmt ist: ein leichteres Leben durch das bloße intellektuelle Erkennen der Wahrheit oder deine vollständige Vernichtung durch vielfältige und tiefe Demütigung.

Bedenke, dass du weder das eine noch das andere Schicksal wählen kannst und daher auch nicht musst. *Ach ich verstehe nur intellektuell! Ich gehöre offenbar nicht zu den Auserwählten, die vernichtet werden!* Ich kann dazu nur sagen: Wenn ich auf die Demütigungen blicke, die ich seit meiner Kindheit erfuhr, rufe ich dir zu: Sei dankbar! Sei überaus dankbar!

Und damit ich mich wegen der hohen Offenbarungen nicht überhebe, ist mir gegeben ein Pfahl ins Fleisch, nämlich des Satans Engel, der mich mit Fäusten schlagen soll, damit ich mich nicht überhebe, schreibt der Apostel Paulus[15]. Der Mann wurde offenbar auf teuflische Weise gequält. Soviel steht fest. Wir finden nirgends eine Stelle, die uns genau

---

[15] 2. Kor. 12:8

sagt, worum es sich bei dieser Qual handelte. Es scheint jedoch ein Prinzip zu sein, dass hohe Offenbarungen mit Demütigungen einhergehen.

Ich erhalte immer wieder einmal von liebenswerten Menschen Empfehlungen wegen meines Tinnitus, der mir seit einem Vierteljahrhundert im Ohr sitzt. Und ich wäre weiß Gott nicht abgeneigt, wenn er sich für immer verabschieden würde. Um mir zu beweisen, dass er dies sehr wohl kann, pausiert er ab und zu zwei, manchmal auch drei Tage am Stück. Und zwar ohne irgendeine Therapie oder sonstige Hilfsmittel.

Wenn du so einen „Pfahl" im Ohr hast, der zu bestimmten Zeiten so laut ist, dass du ihn noch hörst, wenn du direkt neben einem Güterzug herläufst, kommst du jedenfalls nicht auf die Idee, dich aufgrund „hoher Offenbarungen" zu überheben!

Nicht dein intellektuelles Verständnis der Wahrheit, sondern die Demütigungen lassen die Wahrheit in dir reifen. Denn es gibt ja nur eins, das die Wahrheit verhindert. Und das bist einzig du selbst! Du als der eingebildete Denker, Entscheider und Täter! Du als der Idiot, der von sich selbst überzeugt ist. Du als der Idiot, der von sich selbst enttäuscht ist. Vollkommen gleichgültig, welchem Idiotentypus du angehörst, dem von sich selbst Überzeugten oder den von sich selbst Enttäuschten, in jedem Fall bist du es, nur du, der den Einzug der Wahrheit ins System verhindert.

Wenn es dein Schicksal sein sollte, wirst du die Wahrheit nicht nur verstehen, sondern von ihr wie von einem Mühlstein zermalmt. Sie hat keine Freude daran, dich zu quälen, ihr bleibt nur nichts anderes übrig.

Wenn das Weizenkorn nicht in die Erde fällt und erstirbt, bleibt es allein. Wenn es aber erstirbt, so bringt es viel Frucht, sagte ein Desillusionierter, in diesem Fall Jesus[16]. *Das erschlägt einen,* sagte ein anderer Desillusionierter, in diesem Fall UG Krishnamurti.

Das Verständnis der Wahrheit ist eine Sache, seine Reifung und Reife jedoch eine andere. Und sie bedingt einen Sterbeprozess. Daran geht kein Weg dran vorbei. Ich möchte jedoch eins klipp und klarstellen: Niemand ist dafür verantwortlich, sich ihm etwa hinzugeben!

Hingabe üben ist nichts als ein fauler Zauber! Gottt sorgt für die Hingabe oder sie bleibt lebenslang aus. Und das ist mitnichten ein Problem. Denn selbst der Sterbeprozess gehört zum Spiel Gotttes mit sich selbst. In einem seiner Instrumente bleibt dasselbe von der Wahrheit völlig unberührt, im anderen bildet sich ein gewisses Verständnis der Wahrheit und wieder in anderen wird alles vernichtet, was nicht zur Wahrheit gehört.

Gottt ist es, nicht du, der „dein" Leben lebt. Nicht irgendwann, jetzt und schon von Geburt an bis zum Ende. Dies klar zu erkennen, ist nicht jedermanns Schicksal. Und wenn es das wäre, machte es dich nicht etwa besser oder göttlicher. Du hast nur keine andere Chance.

---

[16] Bibel, Johannes 12:24

Informationen

zu weiterer Literatur,

Interviews und Talks auf Jetzt-TV oder YouTube

dem Texte-Abonnement,

Event und Einzelsession

von und mit Werner Ablass

findest du auf seiner Website:

www.wernerablass.de

Ein Feedback schreiben kannst du dem Autor gerne per Email:

info@wernerablass.de

Der Autor bittet seine Leser um Verständnis für seinen Wunsch,

Feedbacks ausschließlich per Email zu erhalten.

Weder per Brief noch per Anruf.

Sollten sich dem Leser Fragen stellen,

die im Buch nicht oder nur teilweise beantwortet werden konnten,

empfiehlt sich eine Einzelsession mit ihm,

die nicht nur an seinem Wohnort,

sondern auch per Skype möglich ist.

Schreibe ihm eine E-Mail,

um alle relevanten Infos zur Einzel-Session zu erhalten.

Zur konkreten Terminvereinbarung empfiehlt sich ein Anruf:

+49 7135 933777

Werner Ablass führt keine – auch keine kurzen – telefonischen Beratungsgespräche mit Interessierten.

Weder gratis noch gegen Bezahlung.

Telefonanrufe dienen lediglich der Terminvereinbarung.

Allmylove, Werner Ablass